Silvia Olina

Ein Hauch von Eden

SILVIA OLINA

Ein Hauch von Eden

Vom Finden des Kostbaren mitten im Leben

adeo

FSC
www.fsc.org
MIX
Papier | Fördert gute Waldnutzung
FSC® C018236

1. Auflage 2025
Bestell-Nr. 835402
ISBN 978-3-86334-402-3

Umschlaggestaltung: Kathrin Steigerwald
Umschlagmotiv: Adobe Stock; good mood
Lektorat: Katharina Töws, www.katharinaslektorat.de
Satz: Uhl + Massopust, Aalen
Druck und Verarbeitung: Dimograf
Printed in Poland

www.adeo-verlag.de

INHALT

EDEN IST …

… wenn wir unseren Wert erkennen und in unsere Tiefe blicken lassen.

… wenn wir aufhören, ausschließlich aus uns selbst heraus Luft zu holen.

… wenn wir uns trauen, unser Gegenüber zu berühren.

… wenn wir das Leben vom Ende her leben.

… wenn wir Wiederherstellung erleben.

… wenn Erinnerungen Dankbarkeit auslösen.

… wenn wir über uns hinauswachsen.

… wenn die Ewigkeit die Endlichkeit berührt.

… wenn Anteilnahme alles verändert.

… wenn wir das Potenzial unseres Körpers lieben lernen.

… wenn unsere Seele die ersehnte Erlaubnis bekommt, alles spüren zu dürfen.

… wenn unsere eigene Geschichte ein Türöffner für andere Menschen ist.

… wenn bestimmte Orte besondere Spuren in unserem Leben hinterlassen.

… wenn wir uns frei fühlen zu improvisieren.

… wenn wir auch mit uns allein genug sind.

… wenn wir den Wert der Gemeinschaft schätzen und leben.

… wenn in Dunkelheit Licht einbricht.

… wenn wir erkennen, wie powervoll wir leben dürfen.

… wenn wir anhalten und durchatmen.

… wenn eine heilige Quelle dem Burn-out das Feuer nimmt.

… wenn Partnerschaft und Intimität uns beflügeln.

… wenn wir anfangen, Verantwortung für unsere Herzenshaltung zu übernehmen.

… wenn wir wissen, wohin wir gehören.

… wenn wir Liebe zur obersten Priorität machen.

… wenn wir unverfälschtes Sein erleben.

Ich widme dieses Buch meiner Freundin Ingrid,
die schon im wahren Eden angekommen ist.

1982–2017

PROLOG

Manchmal stolpern wir darüber wie über ein Päckchen, das jemand vor unsere Tür gelegt hat. Manchmal erreicht er uns in den dunkelsten Stunden, wenn wir ihn nie vermutet hätten. Manchmal vermuten wir ihn an einem bestimmten Ort, strecken uns sehnsüchtig nach ihm aus, und dann begegnet er uns doch ganz anders als erwartet. Ein Hauch von Eden.

Was genau können wir darunter verstehen? Augenblicke voller Glück und Zufriedenheit irgendwo unter Palmen? Unberührte Natur, perfekte Umstände, Harmonie und lachende Gesichter? Im Idealfall noch mit einer tadellosen Bikinifigur?

Als ich siebzehn war, hatte ich eine bewegende und entscheidende Zeit in meinem Leben. Im Sommer hatte mich mein Weg auf die Hawaiianischen Inseln geführt, und da stand ich nun – inmitten von dichtem grünem Regenwald vor einem gigantischen Wasserfall. Ein unbeschreiblicher Ort. Ich hatte meinen Hauch von Eden gefunden. Aber das, was dort an diesem Wasserfall geschah, war so viel mehr als ein schöner Moment in einem traumhaften Setting. Ich entdeckte ein für mich viel bedeutsameres Eden – keinen physischen Ort, sondern einen Ort in meinem Inneren. Eine Begegnung fand statt, die mein Leben nachhaltig prägen würde.

In diesem Buch lasse ich viele Frauen zu Wort kommen, die davon erzählen, wie sie ihren ganz persönlichen Hauch von Eden erlebt haben. Es sind wunderschöne, tiefgreifende und teils auch tragische Geschichten von sehr unterschiedlichen Frauen, und ich bin sehr stolz und dankbar, dass sie sich so verletzlich und authentisch zeigen und ihre Erlebnisse mit uns teilen. Jeder Beitrag hat seine eigene Nuance, seinen Schwerpunkt. Und die Vielfalt darin macht diese Sammlung zu etwas ganz Besonderem.

Unsere Welt hat schon lange nicht mehr viel mit dem Garten Eden gemeinsam. Manchmal kann ich es nicht ertragen, mich der Flut all der erdrückenden Nachrichten auszusetzen, die uns allein an einem einzigen Tag erreichen. Wie in Schockstarre blickte ich im Sommer 2023 auf den Bildschirm und sah Hawaii brennen! Mein Hawaii, der Ort, der mir so viel bedeutete. Die Nachrichten und Videos auf YouTube und Social Media überschlugen sich – katastrophale Waldbrände suchten die idyllischen Inseln im Pazifik heim und hinterließen Verwüstung, Asche und Tod. Wie zerbrechlich doch unsere Welt ist, wie verwundbar! Wie zerbrechlich unser Leben ist, wie verwundbar unser Körper, unsere Seele und unser Geist.

Und doch gibt es immer wieder – und gerade auch in schweren Phasen im Leben – diese Momente, in denen wir spüren, dass wir Hoffnung haben dürfen, wenn wir an etwas Größeres als uns selbst glauben. Wenn uns innerer Frieden und Glück geschenkt wird. Übernatürlich und unabhängig von äußeren Umständen.

Meine Freundin Ingrid, die viel zu früh aus dieser Welt gegangen ist und einen Ehemann und zwei kleine Kinder hinterlassen hat, hat kurz vor ihrem Tod diesen übernatürlichen Frieden gespürt. Ich denke immer wieder daran, dass Vorfreude in ihren Augen lag, weil sie daran geglaubt hat, dass es ewiges Leben gibt. Als sie an der Brücke zu Eden stand, konnte sie bereits sehen, was auf der anderen Seite auf sie wartete.

In unserem Leben auf dieser Welt ist unser Blick oft sehr begrenzt, vernebelt, abgelenkt. Es lohnt sich hinzuschauen und Verbundenheit, Schönheit, Sinn und Hoffnung in so vielen bedeutsamen Momenten zu erkennen und wertzuschätzen. Das sind die Momente, die wir Beitragenden mit den Menschen, die dieses Buch in die Hand nehmen, teilen möchten. Unser persönlicher Hauch von Eden auf Reisen, zu Hause, in unseren Familien, in Freundschaften, in Kunst, Musik und Kultur, im Beruf, im sozialen Engagement und im Glauben.

1 VOM BLICKKONTAKT MIT DEM SCHÖPFER

Silvia Olina

Sommer 2002, Die Insel Maui, Hawaii

Entlang des über hundert Meter hohen Wasserfalls schweifte mein Blick langsam bis zum Himmel. Die Lavasteilwand hier am Ende des Tals war beeindruckend. Rauschend stürzte das Wasser in freiem Fall vor mir herunter, und im selben Moment spürte ich, wie plötzlich der Blick des Schöpfers auf mich herunterfiel. Direkt und unmittelbar aus dem Himmel traf sein Blick mich und ruhte auf mir – so wie der

Sprühregen des Wasserfalls mich benetzte und sich kühl und wohltuend auf meiner Haut absetzte. Da war er, ein Hauch von Eden! Und der bis dahin eindrucksvollste Glücksmoment meines Lebens.

Ich atmete tief ein und langsam wieder aus. Nach der anstrengenden Wanderung hier hinauf brauchte mein Puls einen Moment, um sich wieder zu beruhigen. Gleichzeitig schlug ein anderer Puls in mir lauter und schneller denn je. Was machte die Atmosphäre unter diesem Wasserfall so besonders? Warum hatte ich das Gefühl, dass ein Blick von oben mich traf, während ich gegen die Sonne die Steilwand hinauf blinzelte? Es war fast magisch, ein stiller, ewiger Moment in der Gegenwart. Der Schöpfer des Himmels und der Erde war hier, und ich konnte seine Anwesenheit genauso deutlich spüren wie den Felsen unter meinen Füßen, auf dem ich barfuß stand. Eine Stimme ertönte in meinem aufgewühlten siebzehnjährigen Inneren: „Sieh mich an! Du bist von mir geschaffen, und ich freue mich an dir. Ich sehe dich. Mein Blick ruht voller Liebe auf dir."

Ich war nie glücklicher als in diesem Moment.

Damals legte sich etwas in meine Seele und meinen Geist, das bis auf den heutigen Tag nicht gewichen ist. Es ist nie verschwunden. Manchmal war es verschüttet, manchmal musste ich diese Erinnerung ausgraben, aber immer wieder kam die Wucht der Bedeutung zurück: Der Blick des Schöpfers ruht auf mir. Er lädt mich ein, ihn anzuschauen. Er hat große Freude an mir.

Im Sommer 2002, als ich für ein Volunteer-Programm das erste Mal nach Hawaii reiste, wusste ich noch nicht, wer ich war und wohin ich gehörte. Mit dem Wunsch, rauszukommen und in eine andere Welt abtauchen zu können, war ich von Deutschland aus allein zu der 30-stündigen Reise aufgebrochen, um einige Wochen auf den Inseln zu verbringen, die auf unserem Erdball am weitesten entfernt von jeder

Art von Festland liegen. Hawaii ist ohne Zweifel ein ganz besonderer Ort!

Auf der Insel Maui hatte ich mich mit zwei Freunden an diesem Morgen zu einer Wanderung entlang des Pipiwai Streams oberhalb der Seven Sacred Pools aufgemacht. Wir nahmen nichts mit: keine Schuhe, keine Kamera, keine Wertsachen. Es würde nur die Natur und uns geben. Obwohl ich keine Fotos oder Videos von diesem Tag habe, wurden die Erlebnisse zu den Momenten, die sich bis heute glasklar in meiner Erinnerung abzeichnen. Für immer eingefangen mit dem Herzen und mit allen Sinnen. Die Wanderung im Regenwald führte uns entlang der vielen natürlich entstandenen Pools vorbei an uralten Banyan-Bäumen (Feigenbäumen) und Bambuswäldern bis hinauf in den hinteren Teil des Tals. Das exotische Singen der Vögel erfüllte die Luft. Barfuß stiegen wir höher und höher, bis uns schließlich die beeindruckende Felswand aus Lavagestein erwartete, und der gigantische Waimoku-Wasserfall sich in all seiner Schönheit vor uns auftat.

Meine Freunde waren schon ein Stück weitergelaufen, und für einen Moment blendete mein Bewusstsein alles aus. Als wäre niemand anders auf der gesamten Insel, als gäbe es kein einziges Geräusch um mich herum, wie herausgezoomt sah ich mich selbst aus der Vogelperspektive im dichten Grün vor dem Wasserfall. Auf dieser Insel mitten im Pazifik war ich in diesem Augenblick allein mit meinem Schöpfer. Gottes Blick traf meinen Blick, und keine Kamera hätte einfangen können, was diesen Moment ausmachte. Dass ich keine Schuhe trug, schien den Augenblick noch ein bisschen mehr in etwas Heiliges zu verwandeln.

Wann immer ich mich an diesen Morgen zurückerinnere, weiß ich: Mein Glück finde ich im wahren Eden, und dieses Eden ist nicht die Insel im Pazifik. Doch die Insel ist im besonderen Maße dazu fähig, mich dem Hauch von Eden wieder näherzubringen. In den letzten beiden Jahrzehnten bin ich immer wieder nach Hawaii zurückgekehrt und nehme mittlerweile auch ganze Gruppen von Frauen auf Auszeitreisen dorthin mit. Hawaii ist und bleibt mein *place to be*. Ich finde dort auf besondere Weise in meinen inneren Garten Eden. Den Ort, an dem der Blickkontakt zwischen Gott und mir pures Glück darstellt. Bis heute ist es so, dass ich den Blickkontakt immer wieder spüre – in ganz unterschiedlichen Momenten, an ganz unterschiedlichen Orten, unterwegs und zu Hause, mit anderen Menschen und allein. Dann weiß ich, wer ich bin und warum ich bin.

Zurück zu unserer Wanderung: Unser Plan für den Rückweg war abenteuerlich und auch der Grund, warum wir nichts mitgenommen hatten als das, was wir an unserem Körper trugen. Wir würden zurück zur Küste schwimmen! Einen Wasserfall nach dem anderen sprangen wir im Pipiwai Stream hinunter, schwammen immer weiter Richtung Ozean und ließen uns zwischendurch auch einfach mal von der Strömung treiben. Das war mein persönlicher Hauch von Eden!

Rückkehr nach Hawaii

Winter 2023, vor der Nordküste der Insel O'ahu, Hawaii

Über zwanzig Jahre waren seit meinem ersten Aufenthalt in Hawaii vergangen. An diesem Februarmorgen war ich mit einer Gruppe deutscher Frauen auf O'ahu unterwegs. Ein Traum war in Erfüllung gegangen, und wir waren mitten in unserem siebentägigen Retreat-Programm, das ich speziell für diese Reise konzipiert hatte. Nie hätte ich mir als Siebzehnjährige träumen lassen, dass ich dies mit siebenunddreißig Jahren einmal mit einigen meiner besten Freundinnen und Familienangehörigen tun würde. Und doch wusste ich damals schon, dass ich für immer mit diesem Ort in Verbindung bleiben würde.

Im kleinen Hafen des Surferstädchens Hale'iwa bestiegen wir gegen neun Uhr morgens das Boot von One Ocean Diving. Auf der Agenda für heute: Schnorcheln und Freediving mit Haien. Seit Ewigkeiten stand dies auf meiner persönlichen Bucketlist, und ich hätte nicht stolzer auf meine Mädels sein können, die sich bereiterklärt hatten, dieses verrückte Abenteuer mit mir gemeinsam zu erleben. Positive Nervosität machte sich unter uns breit, und eine enorme Spannung lag in der Luft, als das Boot auf offenem Meer volle Fahrt aufnahm und über die Wellen preschte. Plötzlich wurde mir bewusst, dass ich nicht daran gedacht hatte, eine Reisetablette gegen meine so oft einsetzende Übelkeit auf Booten einzunehmen. Das würde ich bitter bereuen.

Mit viel Kompetenz erklärte uns das Research Team von One Ocean Diving alles, was wir wissen mussten, um uns mit ihnen ins Wasser zu trauen – und uns dabei sicher zu fühlen. Haie sind faszinierende Tiere und sehr wichtig für unser Ökosystem. Sie haben ein weitaus schlechteres Image, als sie verdienen. Dennoch sind es Raubtiere, und wir würden uns ohne Käfig mit ihnen in ihrem Territorium befinden. Seit über fünfzehn Jahren fährt das Team täglich hier heraus und kennt sich wohl wie niemand anderes weltweit mit Haien aus.

Als das Boot weit draußen zum Halten kam und ein perfekter Regenbogen über dem Horizont erschien, schossen wir ein paar letzte Gruppenfotos und zogen schließlich unsere Flossen und Schnorchelmasken an. Show Time!

Auch wenn ich schon öfter in Küstennähe schnorcheln war und es sehr liebe, war ich nicht vorbereitet auf das, was mich in den nächsten Momenten erwartete. Hier, weit draußen im offenen Pazifik im Wasser zu sein, hatte einen Zauber inne, den ich mit Worten kaum beschreiben kann, aber ich will es gerne versuchen.

Die blaue Kathedrale und der Kotzkübel

Wir hatten die Anweisung bekommen, uns aufmerksam und konstant nach allen Seiten umzusehen, sobald wir im Wasser waren. Haie und viele andere Meeresbewohner konnten sich uns jederzeit von allen Seiten nähern, und es war unumgänglich, mit den Raubtieren Blickkontakt zu halten, um ihnen Dominanz zu signalisieren.

Sobald ich mit meiner Schnorchelmaske unter der Wasseroberfläche war, wurde ich aber tatsächlich von etwas anderem völlig in den Bann gezogen. Die Morgenstrahlen der Sonne bahnten sich in solch einer Intensität einen Weg in die Tiefe des Ozeans, dass die endlose blaue Weite um mich und unter mir in einer Magie erstrahlte, die ich nie wieder vergessen werde. Der Pazifik tat sich unter mir auf und leuchtete wie eine gigantische blaue, von himmlischem Licht durchstrahlte Kathedrale. Als wären da große Tore, die in ein Allerheiligstes einluden. Die Sonnenstrahlen reflektierten in einem blauen Glanz, der mich in meinem tiefsten Inneren berührte. Was war das nur für eine Welt hier unten?

Obwohl ich nicht genug von diesem Anblick bekommen konnte, hob mein Kopf sich über die Wasseroberfläche – wie um zu prüfen, ob das hier alles nur ein Traum war. Nein, es war Realität. Und doch kam es mir vor, als würde der Regenbogen am Horizont meine Feststellung belächeln. Er schien so echt und „normal", im Gegensatz zu dem, was ich eben erlebt hatte.

Entgegengesetzt zu all dieser Schönheit meldete sich mein Magen, und spätestens das holte mich in die Realität zurück. Wie konnte mir Übelkeit gerade jetzt einen Strich durch die Rechnung machen? Ich trotzte ihr tapfer und war sicher, ich könnte sie in Schach halten. Doch der Wellengang war stark, und ich spürte, wie mein Gleichgewichtssinn langsam außer Gefecht gesetzt wurde.

Das Motorengeräusch des Bootes hatte bei unserer Ankunft viele Galapagos- und Sandbar-Haie angelockt. Fünfzehn, zwanzig und mehr Haie schwammen mit einer atemberaubenden Eleganz und mit fließenden Bewegungen direkt unter uns. Wir überwanden unsere Angst (und ich meine Übelkeit dazu) und tauchten immer wieder mit großen Zügen mehrere Meter unter die Wasseroberfläche, um den so eindrucksvollen Tieren näher zu sein. Es war einfach unbeschreiblich! Die Haie strahlten solch eine Stärke und gleichzeitig einen besonderen Frieden aus.

Und doch faszinierten mich noch mehr das Licht und die greifbar scheinenden Sonnenstrahlen in dieser endlosen blauen Weite. Ich konnte nicht erklären, warum dieses Bild mir in der besten Art und Weise so zusetzte, und schaffte es nicht, meinen Blick abzuwenden. Die Gegenwart Gottes war für mich so deutlich spürbar wie selten zuvor. „Was bist du für ein Gott, der sein Licht so wunderschön in diese Tiefe scheinen lässt?", fragte ich.

Und dann wusste ich, warum mich dieser Anblick so sehr berührte. Ich hörte plötzlich Gottes Stimme, die in meinem Inneren zu mir sprach: „Lass mein Licht und meinen Blick in die Tiefe deines Herzens scheinen." Puh! Ich versuchte ruhig durch meine Schnorchelmaske zu atmen. Mein Puls raste und ruhte gleichzeitig. Sein Licht. Sein Blick. In meine Tiefe? Wieder dieser Blickkontakt mit meinem Schöpfer. Wieder ein Hauch von Eden.

Der jedoch brutal durch ein mehr als flaues Gefühl in meinem Magen unterbrochen wurde. Die Übelkeit hatte einen Grad erreicht, der mich dazu zwang, an Bord des Bootes zu gehen. Alles drehte sich, und ich verzichte hier darauf, die folgenden Momente zu schildern. Sagen wir es so: Am Heck des Bootes gab es einen Eimer, der für solche Vorfälle vorgesehen war. Als ich ihn wieder abstellte, war er gefüllt. Hatte ich mich ernsthaft so kurz nach einem der schönsten

Momente in meinem Leben übergeben? Ich musste über mich selbst lachen und hätte gleichzeitig auch fast geweint. Unentschlossen, ob meine aufkommenden Tränen dem Lachen oder Weinen zuzuordnen waren, machte ich mich bereit, wieder ins Wasser zu gehen. Um nichts in der Welt würde mich meine Übelkeit daran hindern, die Herrlichkeit dieses besonderen Morgens zu verpassen.

Also tauchte ich wieder in die blaue Kathedrale ein. In den Hauch von Eden mit dem Schöpfer und seiner Frage, ob ich sein Licht, seinen Blick in die Tiefe meines Seins zulassen wollte. Seinen Blick auf die anmutigen, würdevollen Momente und gleichermaßen seinen Blick auf all die Kotzkübel-Momente meines Lebens. War dieser Morgen zwischen Kathedrale und Kotzkübel nicht ironischerweise ein perfektes Abbild dafür?

Wenn der Himmel in den Ozean strahlt

In den letzten zwanzig Jahren war so viel passiert. Das Leben eben. Seichter und rauer Wellengang, Höhen und Tiefen. Teils auch sehr tiefe Tiefen. So viele prägnante Momente tauchten vor meinem geistigen Auge auf. Glückliche und schwere Momente, Menschen, Situationen, Erinnerungen, Emotionen. Phasen und Tage und Augenblicke. So viel hatte ich empfangen und unverdient geschenkt bekommen. Und immer wieder hatte ich auch loslassen müssen. Leben und Sterben. Geburten und Abschiede. Feste und Trauerphasen.

Und hier sprach Gott seine Einladung: „Lass meinen Blick in deine Tiefe dringen.“ Sollte ich alles schonungslos vor ihm ausbreiten? Nichts aus meiner Seele vor ihm zurückhalten? Ihn in alle Bereiche meines Lebens einladen?

Wenn sein Blick nur annähernd so berührend, kraftvoll und heilsam war wie die Lichtstrahlen, die den Ozean an diesem Morgen in eine Art von Himmel verwandelten, dann wollte ich diesen Blick auf meinem Leben!

Für immer werde ich den Blickkontakt mit meinem Schöpfer, meinem himmlischen Vater suchen. Und ich weiß, er sucht ihn auch mit mir. Er findet mich meist eher als ich ihn. Und von ihm gefunden, gesehen und gekannt zu werden – das ist mein Hauch von Eden.

Es gäbe so viel mehr von diesem Morgen vor der Nordküste von O'ahu zu erzählen. Einige meiner engsten Freundinnen an Bord zu haben, während all dies geschah, war mehr als wundervoll. Dani, deren Beitrag auf den folgenden Seiten zu lesen ist, war noch im Wasser, als unweit von unserem Boot plötzlich zwei Buckelwale auftauchten. Ein perfekter Regenbogen, Haie und nun auch noch Wale. Es war, als hörte ich Gott herzhaft lachen und uns zurufen: „Wenn schon, denn schon, Mädels! Meine Herrlichkeit ist größer als alles, was ihr euch vorstellen könnt. Und ich habe so viel Freude daran, sie mit euch zu teilen."

Als die Walflossen majestätisch aus dem Wasser auftauchten und die riesigen Säugetiere sich verabschiedeten, um zurück in die Tiefe zu gleiten, waren der Jubel und das Kreischen in unserer Gruppe weithin zu hören. Den Kotzkübel hatte ich vor lauter Begeisterung über die Haie und Wale schon längst vergessen.

Und nur falls es jemanden interessieren sollte: Als ich mich im folgenden Jahr mit einer weiteren Gruppe Frauen auf dem gleichen Boot befand, um wieder zum Freediving mit den Haien hinauszufahren, hatte ich eine Tablette gegen die Übelkeit intus. Schließlich will man mit fast vierzig Jahren dazugelernt haben. Und trotzdem würde ich nie den Morgen mit dem Kotzkübel und der Kathedrale missen wollen. Er bleibt als kostbarste Erinnerung für immer in der Tiefe meines Herzens.

2 VOM GESCHENK DER SCHUTZHÜLLE

Daniela Waschke

Die Autofahrt

Wir sitzen als Familie im Auto und befinden uns auf dem Rückweg eines wunderschönen Kurzurlaubs mit engen Freunden. Als fünfköpfige Familie sind wir gerne und viel unterwegs. Wir lieben es, bei gemeinsamen Autofahrten die Welt um uns herum zu entdecken. Das ein oder andere Mal dabei im Stau zu stehen, gehört dazu.

Alles gut soweit an diesem Nachmittag, bis mein Mann – der beste und sicherste Autofahrer überhaupt – eine Ausfahrt verpasst. Nun müssen wir laut Navi einen größeren Umweg in Kauf nehmen. Eigentlich bedeutet das nur, dass wir etwas mehr Zeit und Mautgebühren investieren müssen, doch mich kostet es in diesem Moment die Nerven. Ich beginne zu meckern und mich zu beschweren. Auf die Frage einer unserer Jungs, wie lange die Heimfahrt nun noch dauern wird, antwortet mein zu Recht genervter Mann mit einem scharfen „Jetzt nicht!"

Die Jungs ziehen mit verständnislosen und erschrockenen Blicken die Kopfhörer über ihre Ohren und widmen sich einer weniger störanfälligen Beschäftigung.

Ich grummele, ärgere mich über mich selbst und frage mich, wie es – mal wieder – zu so einer Kurzschlussreaktion meinerseits kommen konnte. Mir wird – mal wieder – meine Fehlerhaftigkeit bewusst, und erst nach einigen Minuten kann ich die Situation annehmen und mich bei meinem Mann entschuldigen. Er kennt mich, liebt mich offensichtlich auch mit meinen „Aussetzern" und nimmt schnell meine Entschuldigung an.

Wie auch in anderen Situationen frage ich mich, was meine „Aussetzer" mit meinen Kindern machen. Wie es das Miteinander stört, wenn ich meinen plötzlichen Emotionen nachgebe und mich ganz offensichtlich nicht fair verhalte – genau das aber wiederum oft von meinen Kindern einfordere. Ich muss mir eingestehen, dass ich nicht immer ein gutes Vorbild bin. Sollen meine Kinder in einer Familienatmosphäre großwerden, in der sie für Kleinigkeiten angeklagt werden, in der die Stimmung von einem auf den anderen Moment auf den Nullpunkt sinkt und sie keine Fragen stellen dürfen?

Die Atmosphäre

Das ist natürlich überspitzt aus der eben beschriebenen Situation abgeleitet, und mir ist auch klar, dass die Antwort nicht sein kann, dass ich ein heiligeres Leben führen oder immer meine Gefühle im Griff haben muss. Wir sind alle Menschen mit Ecken und Kanten, Fehlverhalten gehört zum Leben dazu. Genau das möchte ich ja auch meinen Kindern beibringen und in meinem Umfeld eine Atmosphäre prägen, die Fehler zulässt und vergibt. Ich denke nach solch Vorkommnissen mal wieder über „mein" Thema nach. Es ist das große Anliegen meines Herzens, in meiner Familie, in meinen Freundschaften, meinem beruflichen Umfeld und jedem anderen Kontext eine Atmosphäre zu schaffen, in der sich mein Gegenüber wertgeschätzt und sicher fühlt. Und obwohl es ein echtes Herzensanliegen ist und ich einen großen Fokus darauf lege, gelingt es immer wieder nicht. Schnell gerate ich in eine Spirale aus Frustration und Selbstanklage, und mir wird bewusst, dass meine eigene Fehlerhaftigkeit und die eines jeden Menschen einfach auch Beziehungen leiden lässt. Sich zu entschuldigen, miteinander Dinge zu klären, sich aufrichtig vergeben zu können, ist so unendlich wertvoll.

Aber manchmal gelingt genau das nicht. In meinem engen Freundeskreis wurde mir die letzten Monate so schmerzlich deutlich, dass wir Menschen durch unsere Fehlerhaftigkeit und aus unseren eigenen tiefen Verletzungen heraus manchmal andere wiederum so sehr verletzen, dass Beziehungen (zumindest nach menschlichem Ermessen) einen irreparablen Schaden erleiden können.

Was dann? Es ist zweifelsohne ein guter Herzenswunsch, die Menschen um mich herum bedingungslos anzunehmen und wertzuschätzen und die Atmosphäre zu Hause oder im Job positiv zu prägen. Oftmals lasse ich dieses Ziel aufsteigen wie einen großen bunten Ballon. Doch dann passiert das Leben – und der Ballon platzt. Da platzen Dinge aus mir heraus, die meine guten Vorsätze in nichts auflösen. Steht und fällt wirklich alles mit meiner Fähigkeit, Ziele in die Tat umzusetzen?

Das Parasailing

Vor kurzer Zeit hatte ich das Privileg, bei einer Reise das Parasailing auszuprobieren. Ich liebe Action und abenteuerliche Outdoor-Aktivitäten. Also war ich selbstverständlich begeistert dabei, als ich mit mehreren Freundinnen ein Boot mit einer Plattform am Heck charterte, von der aus wir mit einem riesigen Fallschirm in die Luft starten konnten. Der große bunte Schirm war über eine Seilwinde am Boot befestigt, doch es fühlte sich tatsächlich wie Fliegen an, als wir zu dritt in 75 Meter Höhe über dem Pazifik hingen. Ein absolut atemberaubendes Gefühl!

Trotz des großen Adrenalinkicks fand ich mich am Schirm hängend in absoluter Ruhe wieder. Es war wie ein Vakuum dort oben. Stille, gefühlt keine Bewegung, eine gigantische Atmosphäre, die mich umgab. Ich bekam plötzlich einen anderen Blick auf die Dinge. Der Horizont erschien gewölbt: weit weg und doch greifbar nahe. Während wir flogen, wanderten meine Gedanken zu dem Vers in der Schöpfungsgeschichte, in dem beschrieben wird, wie Gott die Himmelsgewölbe geschaffen hat, das auch als die Erdatmosphäre gedeutet werden kann. In diesem Schöpfungsakt trennte Gott das Wasser unten vom Wasser oben und schuf dazwischen eine Schutzhülle. Er, der Schöpfer, war somit der Erfinder der „Atmosphäre“. Nur in der Schutzhülle der Erdatmosphäre können wir als Geschöpfe auf diesem Planeten atmen, aufblühen und leben. Unwillkürlich erinnerte mich diese Erkenntnis an mein Herzensthema, in meinem Umfeld eine sichere Atmosphäre schaffen zu wollen. Und nun fiel es mir wie Schuppen von den Augen: Nicht **ich** muss eine Schutzhülle kreieren, sondern Gott hat über mich und meine Welt **seine** Schutzhülle und **seine** Atmosphäre gelegt. Das verändert einfach alles!

Ein Hauch von Eden entsteht für mich dann, wenn mir bewusst wird: Auch wenn ich den Ballon platzen lasse, existiert da ein großer, liebevoller und mächtiger Gott, der seine Schutzhülle um mich spannt und alles auffängt, was ich nicht hinbekomme. Ja, ich habe Verantwortung. Aber das letzte sichere Netz ist mein Schöpfer, der jede Situation kennt und abfängt, und in den hinein ich selbst mich auch fallen lassen kann. Ob die Ballons in meinem Alltag nun würdevoll aufsteigen oder kläglich platzen – **sein** sicherer Schirm ist da.

Die Praxis

In meinem Beruf als Frauenärztin wird mir jeden Tag vor Augen geführt, wie wichtig die richtige Atmosphäre ist. Zu mir kommen Frauen, die sich fragen, ob ihr Körper bereit für eine Schwangerschaft ist, oder auch Frauen, die bereits einen kleinen Menschen in sich tragen. Es ist einzigartig, wie alles aufeinander abgestimmt ist, dass neues Leben entstehen, wachsen und geboren werden kann. Gott hat in seiner Schöpferkreativität eine perfekte Schutzhülle geschaffen, damit Babys mit allem versorgt sind, was sie zum Wachsen brauchen: eine feine Abstimmung zwischen Hormonen, Blutdruck, Blutzusammensetzung, Nährstoffen und vielem anderen.

Einfach ist es für mich als Ärztin, wenn ich der werdenden Mutter bestätigen kann, dass alles genau so ist, wie es sein soll, und ich mich einfach mitfreuen kann. Manchmal ist die Atmosphäre gestört, denn Realität ist auch, dass Frauen nicht schwanger werden, nicht schwanger bleiben oder kein gesundes Baby in die Arme schließen können. Da bin ich gefragt, meinen Patientinnen einfühlsam in Traurigkeit, Enttäuschung und Unverständnis zu begegnen. Ich möchte auch in meinem Beruf als Ärztin für die Frauen, die zu mir in die Praxis kommen, eine sichere Atmosphäre schaffen.

Die Familie

In der Medizin gibt es Leitlinien und Erfahrungswerte, an die ich mich halten muss. Beachte ich all diese Dinge, so habe ich den bestmöglichen Outcome. In meinem privaten Umfeld allerdings gibt es keine Leitlinien für die beste Atmosphäre in der Familie oder im Bekannten- und Freundeskreis.

Was brauchen meine drei Jungs, um gut und sicher aufwachsen zu können? Da prallen unterschiedliche Charaktere, Vorstellungen und aktuelle Gemütsverfassungen aufeinander. Klar, ich wünsche mir, dass meine Kinder bedingungslose Liebe und bedingungsloses Angenommensein erfahren. Freundlichkeit, gegenseitige Unterstützung, Raum zur persönlichen Entwicklung und Jesus-Nachfolge sollen vorgelebt werden.

Doch der Alltag in der Familie ist oft so anders als meine Vorstellungen, weil ich selbst so limitiert bin. Immer wieder bin ich gefangen in meinen konkreten Vorstellungen und meinem Ärger. Ich befinde mich in einem Abwärtsstrudel, kann manchmal meine Gefühle nur schlecht steuern und lasse sie ungefiltert nach außen. Dabei wird mir meine Begrenztheit ganz deutlich.

Ich denke, Gott hat in uns Frauen und Mütter die Gabe hineingelegt, uns um andere zu sorgen und zu kümmern.

Wir haben den Wunsch, unsere Kinder und die Personen, die uns anvertraut sind, in ihrer Entwicklung aufblühen zu sehen.

Am liebsten würde ich so eine Schutzhülle für meine Liebsten bauen. Da ich das nicht kann, hilft es mir sehr, dieses Bild vom Mutterleib auf Gott zu übertragen. Auch er – nicht nur ich – hat ein liebevolles Interesse daran, diese Schutzhülle für meine Familie zu bilden. Im Mutterleib können unsere Kinder leben, sich bewegen und weiterentwickeln. Wenn sie dann auf der Welt sind, wünschen wir uns, dass sie weiter in einer geschützten Atmosphäre heranwachsen können. Aber wie wir alle wissen, können wir das nicht immer bieten. Im Gegenteil, wir selbst wünschen uns sogar, auch unter diesen Schutz schlüpfen zu können. In uns allen sitzt noch dieses Kind, das beschützt werden möchte.

In ihm Luft holen

Wir kommen also in unserem Auftrag, gut für die Menschen in der Familie, im Freundeskreis, im Beruf zu sorgen, immer wieder an unsere Grenzen. Je nach Prägung, Charakter und Zyklusphase können wir unsere Gefühle und die damit einhergehenden Reaktionen nicht immer kontrollieren. Dieses „Fehlverhalten" ist menschlich und darf sein. Ich persönlich möchte lernen, mir selbst gegenüber gnädiger zu sein und immer leichter mein Umfeld um Verzeihung bitten zu können.

Aufgrund unserer Limitierung finde ich es so entscheidend, dass wir selbst an Gott angedockt sind. Immer wieder brauchen wir für uns selbst eine heilsame Atmosphäre, die unser Wachstum fördert und unseren Tank füllt. Wir brauchen die Zeiten, in denen wir uns an Gott wenden, ihm nahe sind und in seiner Gegenwart einfach sein dürfen. Und dann kann das, was Gott schenkt, durch uns zu anderen Menschen fließen.

Gerade in meinen Herausforderungen im Alltag möchte ich lernen innezuhalten, die Ruhe bei Gott zu suchen und mit seiner Kraft und seinen Ressourcen meinem Umfeld und meinen Kindern zu begegnen.

Das Vaterunser

Auch im Vaterunser, dem bekanntesten, allumfassendsten und innigsten Gebet aus der Bibel, ist der Wunsch verborgen, unser Leben der Atmosphäre Gottes auszusetzen. Im Deutschen kennen wir die klassische Übersetzung so:

„Vater unser im Himmel, geheiligt werde dein Name" (Matthäus 6,9; LUT).

Die englische Passion Translation übersetzt: „Our father in the heavenly realms, may the glory of your name be the center on which our lives turn." Zu Deutsch: „... möge die Herrlichkeit deines Namens das Zentrum sein, um das sich unser Leben dreht."

Das aramäische Wort für *Name* kann auch mit *Licht/Klang/Atmosphäre* übersetzt werden.

„... möge die Herrlichkeit deiner Atmosphäre das Zentrum sein, um das sich unser Leben dreht."

Ich wünsche mir, die wunderbare Atmosphäre Gottes als mein Lebenszentrum zu verinnerlichen und dies als Lebensstil in meinem Alltag anzustreben – wohlwissend um meine menschliche Fehlerhaftigkeit. Wenn mein Leben um die Herrlichkeit Gottes kreist, wird das sicher immer wieder Auswirkungen auf mich und mein Verhalten haben. Und das möchte ich durch mich in mein Umfeld fließen lassen.

Kurzbiografie

Daniela (44 Jahre) lebt mit ihrem Mann und ihren drei Söhnen in Neustadt an der Weinstraße. Für sie als berufstätige Mama und ehrenamtlich sehr engagiert ist das Leben und auch jeder einzelne Tag vollgepackt. In ihrer Tätigkeit als Gynäkologin in eigener Praxis hat sie einen verantwortungsvollen Beruf, den sie mit viel Leidenschaft und Herzblut ausübt. Es ist ihr wichtig, ihre Patientinnen mit Kompetenz, aber auch Feingefühl und Empathie zu begleiten.

Für die einzelne Person innehalten, eine gute Zuhörerin sein, Begegnungen von Herz zu Herz, das ist ihr vor allem auch im privaten Kontext ein Anliegen.

Mit ihrer Familie reist Daniela gern und liebt Sport in der Natur. Vor allem beim Snowboarden kann sie sich auspowern und genießt die großartige Schöpfung Gottes.

3 VON UNANGEMESSENER RÜCKSICHTNAHME

Suse Nies

Das Café und die Diagnose

Schon viele Jahre hatte ich den Wunsch, in einem eigenen Café einen Ort für Begegnungen, für Pause, Genuss und Austausch zu schaffen.

Im Oktober 2019 war es dann so weit: Gott gab mir tatsächlich die Möglichkeit und auch den Raum für meinen Traum. Zusammen mit meiner lieben Freundin Judith konnte ich ein Café in Mannheim übernehmen. Eine besondere und extrem überwältigende Situation. Das riesige Projekt lag vor uns, und wir freuten uns wahnsinnig darauf.

Umso schockierender war es, als ich im Grunde zeitgleich – nur einige Wochen später – eine Brustkrebs-Diagnose erhielt. Alle Sicherheiten und jegliche Vision waren erst mal weg. Stattdessen tauchten quälende Fragen auf: „Macht Gott Fehler?“ „Vertut er sich auch einfach mal im Zeitmanagement?“ „Ergibt es überhaupt Sinn, mit einer solchen Erkrankung am Traum vom Café festzuhalten?“ Trotz dieser Fragen und Zweifel war klar, dass wir diesen Raum nicht einfach zufällig bekommen hatten. Es war alles vorbereitet gewesen. Nach verschiedenen intensiven Prozessen des Nachdenkens und Abwägens entschied ich mich, Schritt für Schritt weiterzugehen, dabei Gott zu vertrauen und darauf zu bauen, dass er den richtigen Plan für das Café, aber auch für mich und meine Familie hatte.

So liefen also meine Therapien und der Aufbau des Cafés parallel. Im Laufe dieser chaotischen Zeit bestätigte sich tatsächlich immer wieder: Gott hatte mir und uns sehr wohl in voller Intention diesen Ort zugeteilt und auch zugetraut. Er war mitten im Café-Alltag bei vielen Entscheidungen, im Umgang und Miteinander mit Gästen und Mitarbeitern immer dabei. Gott segnete dieses Café mit seiner ganzen Fülle und belebte diesen Ort durch uns. Nach der abgeschlossenen Therapie ging es mir erst mal sehr gut, und das Café lief wunderbar. Wir konnten diesen Ort mit ganzem Herzen verwalten, gestalten und weiterentwickeln.

Häufig, wenn ich mich heute durch den Laden bewege, beobachte ich Situationen, in denen Leute hereinkommen und sich herzlich in den Arm nehmen. Manchmal schnappe ich einzelne Fetzen im Stimmengewirr der Gäste auf, während sie sich gegenseitig fragen: „Wie geht es dir?“ Oder wenn manche so sehr im Gespräch vertieft sind, dass sie vergessen, in die Speisekarte zu schauen. Mein Herz hüpft, wenn ich feststelle: Hier steht die authentische Begegnung im Fokus. Menschen schenken sich ihre wertvolle Zeit und Aufmerksamkeit. Für mich ist das mein Hauch von Eden mitten im Alltag.

Wozu statt warum

Im Sommer 2023 traf mich jedoch völlig unvorbereitet ein neuer Schlag – ich bekam die zweite Krebsdiagnose. Wütend und enttäuscht warf ich Gott erneut meine Fragen und Sorgen hin. Und durfte daraufhin erleben, wie es bald schon ruhiger und stabiler in mir wurde. Der Friede Gottes hatte sich in mir ausgebreitet – völlig übernatürlich. Daran klammerte ich mich. Ich bin sehr dankbar, dass ich nie ein quälendes „Warum" in mir hatte. Dafür war das „Wozu" sehr stark präsent. Und die Frage: „Wie kann ich gut durch diese bevorstehende Phase gehen? Ist irgendetwas darin, das sinnvoll sein kann?"

Im Herbst war ich mit den Behandlungen des Rezidivs eigentlich bereits ausreichend beschäftigt und emotional ausgelastet. Das Café musste ich für ein gutes halbes Jahr Judith und unseren Mitarbeitern überlassen. Doch Gott wollte offensichtlich, dass ich diese Zeit nicht nur nutzte, um gesund zu werden. Er stieß ein weiteres Thema in mir an, welches in gewisser Hinsicht auch mit der akuten Situation zu tun hatte, sich jedoch noch als wesentlich weitreichender entpuppte.

Zwei bedeutende Begegnungen wurden für mich zum Wegweiser: Während der Chemotherapie fielen mir – wie erwartet – die Haare aus. Ich saß zu Hause im Garten mit neuem Look und sah die Postbotin von Weitem kommen. Kurz überlegte ich: Gehe ich lieber ins Haus oder konfrontiere ich sie und mich zugleich? Die nächsten Monate sollten ja kein Versteckspiel werden, also entschied ich mich für Letzteres. Sie kam auf mich zu, stutzte kurz, als sie meinen fast kahlen Kopf sah, und fragte dann ziemlich keck: „Freiwillig oder Schlimmeres?" Ich musste tatsächlich schmunzeln und fühlte mich sehr frei, ihr von meiner gesundheitlichen Situation zu erzählen. Daraus entwickelte sich ein wertvolles Gespräch.

Nur zwei Tage später eine andere Szene: Es klingelte an der Tür, ich öffnete unvorbereitet und so wie ich war – mit Kahlkopf. Eine Bekannte vom örtlichen Blumenlädchen stand dort. Sie war sichtlich getroffen und sagte freundlich, aber eher knapp: „Ich darf hier einen Strauß abgeben."

Ohne ein Wort zu ihrer Betroffenheit bezüglich meiner gesundheitlichen Situation zu sagen, überreichte sie mir den Strauß und wandte sich zum Gehen. Man könnte auch sagen, sie ergriff die Flucht.

Zurück blieb ich – irgendwie entblößt, nackt, verletzlich. Da wir uns kennen, empfand ich es befremdlich, dass sie völlig ignorierte, dass da bei mir offensichtlich etwas nicht stimmte. Mich überkam das Bedürfnis, diese für uns beide unangenehme Situation aufzulösen, und ich entschied mich, ihr nachzugehen. Daraufhin konnten auch wir einige gute Worte wechseln.

Diese Begegnungen machten mich sehr nachdenklich und ließen mich nicht mehr los. Ich fragte mich, was das tieferliegende Thema darunter war. Im Laufe der Zeit wurden solche Begegnungen mit verschiedenen Menschen in meinem Umfeld zahlreicher. Nachbarn und Bekannte schauten aus der Ferne, und teilweise erschienen mir ihre Blicke wie Mitleid, aber doch ohne Zuwendung. Selbst einige (auch engere) Freunde mieden hier und da das offene Gespräch.

Falsche Rücksichtnahme

Meine Beobachtung war: Andere Menschen hatten offensichtlich Schwierigkeiten mit meiner Erkrankung. Und diese spürbare Unsicherheit brachte sie dazu, dass sie mir gar nicht die Wahl ließen, ob ich darüber reden wollte oder nicht. Mir drängte sich die Frage auf: Wer ist hier eigentlich gerade der oder die Betroffene?

Dabei ging es gar nicht nur um mich persönlich, sondern um Menschen im Allgemeinen, die mit Herausforderungen zu kämpfen haben.

In mir entwickelte sich mehr und mehr der Wunsch, mit Menschen in meinem Umfeld authentisch und offen über dieses Thema zu sprechen. In den meisten dieser Gespräche stellte ich fest, dass sich im Grunde jeder aus Rücksichtnahme zurückhalten wollte. Mir war klar, dass das erst mal nur gut gemeint war. Doch mein Empfinden war ein anderes – ich fühlte mich tief getroffen von dieser für mich unangemessenen Rücksichtnahme.

Hinter diesem Ausdruck steckten meiner Meinung nach pure Unsicherheit und Angst. Unsicherheit, was man sagen soll/kann/darf. Angst, was man erfahren wird, wenn man tatsächlich nachfragt. Wie hält man den Schmerz der anderen Person aus? Überforderung, Hilflosigkeit ... Es scheint unmöglich, jemanden in einer schwierigen Lage zu fragen, wie es ihm oder ihr geht. Doch warum ist das eigentlich so? Was passiert mit dem Miteinander, wenn wir uns gegenseitig nicht mehr fragen, wie es uns geht? Dies setzt natürlich echtes Interesse und auch Mut voraus. Es bedingt auch die Bereitschaft, eine ehrliche Antwort aushalten zu können, die über das gern genutzte „Alles gut" hinausgeht. Eine Antwort, die im Gegenteil dazu schwer und heftig sein kann.

Wenn wir unter dem Deckmantel der Rücksichtnahme diese ehrliche Frage nach dem Befinden unseres Gegenübers nicht mehr stellen, dann geht extrem wertvoller Austausch verloren. Auch das Weitertragen unerwarteter positiver Geschichten findet keinen Raum. Weiter gedacht kann es für Menschen, die sowieso schon einsam sind und sich in schwierigen Situationen befinden, auch zur Isolation führen. Und Isolation ist so viel härter als das eigentliche Leid der Situation an sich.

Ich bin davon überzeugt, dass der offene, authentische Austausch über Themen wie zum Beispiel Krebserkrankungen der großen Angst in unserer Gesellschaft vor eben dieser Erkrankung zumindest etwas den Schrecken nehmen kann. Schwer krank zu sein oder andere persönliche Herausforderungen dieser Art werden in unserer nach Perfektion strebenden Gesellschaft als Makel wahrgenommen. Diese Dinge gehören jedoch zum Leben dazu, ob wir es wollen oder nicht. Durch Authentizität gewinnen diese ein Stück weit an Normalität.

Aus tiefstem Herzen möchte ich dazu ermutigen, Rücksichtnahme nicht als Entschuldigung zu wählen. Stattdessen könnten wir Betroffene fragen: „Wie geht es dir damit?" Auch wenn Schwieriges offensichtlich sichtbar ist. So hat unser Gegenüber die Chance, selbst zu entscheiden, ob und wie viel er oder sie erzählen möchte.

Manchmal werden wir in diesen Situationen überrascht feststellen, dass es unserem Gegenüber vielleicht sogar besser geht als von außen angenommen. Dies können wir jedoch nur erfahren, wenn wir offen aufeinander zugehen und versuchen, die Antworten auszuhalten – egal, wie sie ausfallen. Wir dürfen diese Antworten beruhigt stehen lassen, ohne aktiv etwas tun zu können.

Das Berühren der Herzen

Mitgefühl hat nicht Lösungen im Fokus, sondern das Berühren des Herzens der anderen Person! Diese Erkenntnis aus solch herausfordernder Zeit ist so wertvoll für mich geworden, dass ich nach meiner zweiten überstandenen Erkrankungsphase sagen kann: Ich würde sie niemals wiederholen, aber auch auf keinen Fall missen wollen!

Seit einigen Monaten darf ich wieder in meinem Herzensort, dem Café, stehen und weiß, dass Gott mit diesem Raum noch nicht fertig ist und da noch was geht. Ich denke, dass er sehr unterschiedliche Räume für uns sieht. Wenn wir bereit sind, sie anzunehmen und uns mit seiner Hilfe darin zu bewegen, dann kann selbst der Raum „Krankheit“ oder eine andere herausfordernde Situation etwas Sinnvolles hervorbringen.

Heute tauche ich immer wieder und noch bewusster in die Momente von Eden meines oft vollen und trubeligen Alltags ein. Vieles ist nicht mehr selbstverständlich, Kleinigkeiten und Details rücken wesentlich stärker in meine Wahrnehmung.

Und wenn ich jemanden fragen höre: „Hey, wie geht es dir?“, dann sprüht da ein ganz besonderer Funke in mir.

Kurzbiografie

Suse (47 Jahre) lebt mit ihrem Mann und ihren zwei Teenagern zwischen Mannheim und Heidelberg. Vor einigen Jahren hat sie einen großen Traum verwirklicht und führt jetzt mit einer Freundin ein Café im Zentrum Mannheims.

Ihre zweimalige Brustkrebsdiagnose und die damit verbundenen Herausforderungen haben Suses Blick auf das Leben verändert und sie in ihrer Beziehung zu Gott wachsen lassen.

Ob in der Familie, in der Gemeinde, in Freundschaften oder im Café: Tiefe, Kreativität und Liebe zum Detail machen Suse aus. Außerdem liebt sie es, mit ihrer Familie in ihrem Camper-Van unterwegs zu sein.

4 VON DER KRAFT DER PERSPEKTIVE

Christin Bottesch

Das Jahr 2020

Wir alle wissen, was im Jahr 2020 los war. Für mich wurde damals ein Prozess losgetreten, denn so viel Zeit zum Nachdenken hatte es in meinem Leben zuvor selten gegeben. Vor der Corona-Pandemie war ich im Grunde mit allem zufrieden: mit meiner Ehe, meiner Familie, unserem Freundeskreis, meinem Job, unserem Zuhause – ja, alles, was im Leben wichtig ist, war insgesamt in Ordnung. Ich war diese Person im Freundeskreis, die scheinbar alles hatte. Und doch fragte ich mich seit März 2020 jeden Tag: „Worauf läuft mein Leben hinaus?“ „Wäre ich zufrieden mit dem Resultat, wenn ich morgen sterben würde?“ „Welchen Wert hätte mein Leben gehabt?“ Zusammenfassend kam ich auf diese Schlussfrage: „Wie würde meine Grabrede klingen?“

Essenzielle Fragen, die vom hektischen Alltag doch so oft erstickt wurden. Meine Antworten auf diese Fragen waren im Allgemeinen schon „in Ordnung“, aber ich wusste tief in meinem Inneren, dass das Potenzial meines Lebens bei Weitem nicht ausgeschöpft war.

In mir wurde dadurch eine Spannung ausgelöst: Einerseits verspürte ich den Wunsch nach einem tieferen Sinn im Leben, andererseits wusste ich, dass dafür Veränderung nötig war. Seltsam irgendwie, denn mein Leben erfüllte alle „Kriterien eines guten Lebens“. Doch wenn ich ehrlich zu mir war, wusste ich um die Oberflächlichkeit einiger Lebensbereiche – allem voran die meines eigentlich traumhaften Berufslebens.

Meine eigene Grabrede

Als leidenschaftliche Fotografin arbeitete ich seit 2014 in der Hochzeitsbranche. Ich begegnete in meinem Beruf also tollen Menschen, konservierte unvergessliche Momente und erlebte wunderschöne Settings bei europaweiten Aufträgen. Im Grunde traute ich mich gar nicht, mehr zu verlangen, denn ich liebte doch, was ich tat.

Doch tief in meiner Seele spürte ich, dass ich im Alter von achtzig Jahren zurückblicken und wissen würde, dass ich aus meinem Leben mehr hätte machen können. Dieses Gefühl ließ mich nicht mehr los, und es wurde ein Prozess angestoßen, der mich über Jahre begleiten sollte. Ich erlaubte mir nun, Momente in meinem Alltag zu schaffen, in denen ich wirklich Zeit zum Nachdenken hatte. Der Kaffee früh am Morgen in unserer Küche, die gerade vom Sonnenaufgang geküsst wurde. Manchmal war es ein kleiner Spaziergang in der Mittagspause, drüben im Wald, in dem der Wind die Bäume liebevoll zum Tanzen brachte. Oder einfach kurze, bewusste Atempausen mitten am Tag. In diesen Momenten dachte ich nicht nur über Vergangenes nach, sondern machte mir vor allem Gedanken über meine Zukunft.

Irgendwann setzte ich mich hin und schrieb ganz bewusst meine eigene Grabrede, denn ich war mir sicher: Darin zeigt sich letztlich, was mir im Leben wichtig ist. Ich versuchte, mein Leben vom gewünschten Ende her zu betrachten.

Als ich dann auf die formulierte Grabrede auf dem Papier vor mir schaute, fragte ich mich: „Auf welche Wünsche und Ziele in der Rede steuert mein Leben noch nicht zu?" Auch wenn ich zu dem Zeitpunkt noch nicht wusste, was ich in meinem Tun verändern würde, so wusste ich sehr wohl, wer ich sein wollte. Mein Ziel auf Papier lautete zusammengefasst: Ich wollte Menschen durch und durch lieben – nach dem Vorbild von Jesus. Der Jesus, dem mein Herz schon lange zugetan war. Der Jesus, der so von Liebe erfüllt war, dass er sich nicht zu schade war, seine Zeit den Schwächsten, Ärmsten und Verstoßenen zu schenken. Dieser Jesus inspiriert mich jeden Tag, auch „schwierige" Menschen mit den Augen der Liebe anzusehen. Mein Ziel ist es, ein Mensch zu sein, der einen positiven Einfluss besonders auf das Leben junger Menschen nimmt. Letztlich will ich sicher sein, dass mein Leben einen echten Mehrwert für andere Menschen bietet.

Drei Jahre Gebet

Nach dem Verfassen meiner Grabrede tat ich noch eine weitere Sache, die mein Leben veränderte: Ich begann intensiv zu beten. Ich glaube daran, dass Gott uns Menschen greifbar nahe ist, und deshalb bin ich überzeugt davon, dass er jedes ehrliche laute oder leise Gebet hört.

Von 2020 an betete ich nun also drei Jahre lang Tag für Tag, Woche für Woche, Monat für Monat und stellte Gott jeden Tag die gleiche Frage: „Was soll ich aus meinem Leben machen? Was ist dein Wille?"

Es war frustrierend, denn eine Antwort darauf gab es nicht. Hatte Gott mich vergessen? Oder hatte er meine Gebete vielleicht doch nicht gehört? Gleichzeitig spürte ich seine wohlwollende Hand auf mir. Ich konnte physisch wahrnehmen, dass jemand im Raum war, während ich betete. Es war wie ein angenehmer Schauer, der meinen Körper von Kopf bis Fuß mit einem sanften Kribbeln durchströmte. Übernatürlicher Friede erfüllte in diesen Gebetsmomenten meinen Körper, meine Seele und meinen Geist.

Oft saß ich an unserem Küchentisch oder auf unserem gemütlichen Balkon – mein eigenes kleines *Hideaway* – inmitten der Großstadt. Hier sprach ich mit Gott über das Leben. Ich besann mich Tag für Tag darauf, dass ich zum Ursprung zurückwollte. Ich besann mich darauf, dass ich das Leben vom Ende aus betrachten wollte. Aber Gott blieb still.

Mit der Zeit bemerkte ich allerdings eine Veränderung in mir. Während Gott und ich tagtäglich Zeit mit der Frage nach seinem Sinn für mein Leben verbrachten, passierte etwas Essenzielles: Die Sorge und Angst, in meinem Leben etwas Wichtiges zu verpassen, verabschiedete sich.

Stattdessen entstand eine tiefe Verbindung zu Gott und ein großes Vertrauen in seinen Plan für mein Leben. Eine neue Denkweise, die mir eine unglaubliche Freiheit schenkte, nahm Raum ein: Das Leben ist so kurz, und im Rückblick wird vieles, was jetzt gewichtig erscheint, nicht mehr von Bedeutung sein. Diese Erkenntnis begleitet mich seitdem in allen Lebensbereichen und durch alle Phasen.

Und doch schwieg Gott noch in Bezug auf meine Frage, was ich konkret aus meinem Leben machen sollte.

Raum für Neues schaffen

Meine Verzweiflung nahm von Tag zu Tag zu. Drei Jahre sind eine lange Zeit, wenn man eine so große, weitreichende Frage in sich trägt. Irgendwann war ich innerlich so am Boden, dass ich entschied, mich ganz auf Gott auszurichten und für mein Anliegen zu fasten. An diesem Tag kam der Moment, in dem Gott deutlich zu mir redete. Sanft, aber bestimmt hörte ich ihn in meinem Inneren meinen Namen aussprechen und fragen: „Christin, würdest du lehren?"

Autsch! Das tat richtig weh. Endlich – endlich – eine Antwort, und dann eine, die mich so traf! Tatsächlich hatte ich vor meiner Selbstständigkeit als Fotografin Grundschullehramt studiert, das Referendariat allerdings nicht absolviert. Denn nach dem Studium hatte ich voller Überzeugung entschieden: „Nie wieder betrete ich eine Schule! Ab heute werde ich eine freie Frau sein." Ich war zu einhundert Prozent davon überzeugt, dass dies nicht mein Weg war, dass nichts und niemand mich in einen Klassenraum bringen würde, um zu unterrichten. Und darüber war ich eigentlich sehr glücklich.

Und jetzt das! „Würdest du lehren?" Diese Frage tat weh, aber sie war sehr deutlich.

Gott ist jemand, mit dem man ehrlich reden kann. Das tat ich, und wir gingen in den Dialog über meine Sorgen, den Wunsch nach Freiheit, meinen Ärger darüber, dass er mich im Grunde genau an den Ort zurückschickte, von dem ich mich mit Überzeugung getrennt hatte. Jedoch wusste ich auch, dass er mich nicht verpflichtete – er fragte. Er ist sanftmütig und lässt uns den freien Willen.

Somit stand ich vor einer wichtigen beruflichen Entscheidung. Um es kurz zu machen: Nach einer längeren Diskussion mit Gott sagte ich schließlich doch Ja. Dieses Ja kostete mich viel, aber es barg auch einen ganz besonderen Frieden.

Ich begann recht zügig den neuen Lebensabschnitt als Referendarin – wohl wissend, dass ich diesen Berufsweg eigentlich überhaupt nicht einschlagen wollte. Es war schmerzhaft. Ganz ehrlich, etwas das man gerne tut aufzugeben für etwas, für das man nichts übrig hat ... Ich litt jeden Tag unter dem Gedanken, einen „schlechten Deal" gemacht zu haben. Ich hoffte inständig, dass sich vielleicht eine andere Tür öffnen würde, aber wusste auch, dass die gefällte Entscheidung die richtige war. Ich kann es nicht anders erklären, als dass ich es tief in mir einfach wusste und mich trotz der schwierigen Umstände getragen fühlte.

Glanzlose Überlebensstrategie

In diesem Prozess wusste ich um die Notwendigkeit einer Überlebensstrategie. Ich musste Zeit für Besinnung schaffen. Momente finden, die mich daran erinnerten, dass ich mein Leben vom Ende her sehen möchte. Momente, die mir den Ursprung meiner großen Entscheidung jeden Tag präsent machten.

Ich fing an, morgens eine Stunde früher aufzustehen, um Zeit mit Gott zu verbringen – zu reflektieren, zu beten, die Bibel zu lesen und mich für den Tag von ihm ausstatten zu lassen. Das bedeutete, den Wecker auf 5:30 Uhr zu stellen. Für einen Menschen wie mich, der gerne schläft, war das ein großes Opfer, aber ich wusste, dass ich mir diese Zeit regelmäßig nehmen musste, um innerlich langfristig zu überleben.

Solche „glanzlosen" Momente von Opferbereitschaft und Entschiedenheit, Gehorsam und Vertrauen sind für mich zu einem Hauch von Eden geworden. Auch wenn sie im Hier und Jetzt unattraktiv wirken mögen, repräsentieren sie meine Sehnsucht, Ursprung und Ende meines Lebens auf ein höheres Ziel auszurichten. Und im Gegenzug ein gehaltvolles, wertvolles Leben geschenkt zu bekommen.

Interessant ist für mich, dass der vermeintlich schlechte Deal sich nach und nach zum besten Deal gewandelt hat. Die Fülle an Wundern in meinem Leben ist seitdem ohne Grenzen. Von tiefgreifenden Gesprächen mit Menschen, denen ich sonst nie begegnet wäre, über Versorgung mit den richtigen Dingen, die zur richtigen Zeit zu mir kommen, über die verrücktesten Erlebnisse, die den Umfang dieses Beitrags sprengen würden. Ich lebe ein gehaltvolles, wenn auch anstrengendes Leben! Aber es schenkt mir tiefen Frieden und eine tiefe Freude, die über die Freude an meiner Tätigkeit hinausgeht.

All das hat mein Gottvertrauen enorm gestärkt. An manchen Tagen, wenn ich im Klassenzimmer festsitze und frustriert bin, trauere ich trotzdem meiner vergangenen beruflichen Freiheit hinterher. Es kostet mich Tag für Tag Überwindung, weil mir bewusst ist, welchen schönen Lebensstil ich zurückgelassen habe. Für einen Berufsweg, für den ich noch keine Vision habe. Ich lebe im Vertrauen auf Gottes Wort.

Lebendig begraben bedeutet „gepflanzt“

Jemand Kluges sagte einmal: „Wenn du dich lebendig begraben fühlst, wurdest du gepflanzt.“ Weise Worte, die für mich zum Leitsatz geworden sind.

Eine Erkenntnis sollte in dieser Zeit noch tief sickern: Berufung ist nicht für mich selbst, sie ist für andere. Eine Wahrheit, die ich erst später verstanden habe. Ich hatte erwartet, dass das Kriterium für Berufung ist, dass ich Freude daran haben müsste, was ich nun tat. „Wenn mir etwas gefällt, dann ist es richtig.“ Ich denke, so prägen uns die Gesellschaft und unsere Kultur.

Natürlich kann es auch so sein, dass das, was du jeden Tag tust und als richtig empfindest, dir größte Freude bereitet. Das ist wundervoll! Aber in meinem Fall war das am Anfang und über Monate überhaupt nicht der Fall. Ich musste zunächst einen hohen Preis bezahlen. Ich musste zu Beginn das Neuland erst mal erobern, also dafür kämpfen, dass ich an den richtigen Platz im Leben komme – das fühlte sich lange eher wie Gehorsam und Zähnezusammenbeißen an. Es fühlte sich an, als sei ich zwar gepflanzt, würde aber noch tief unter der Erdoberfläche verborgen sein.

Doch unabhängig davon, ob ich es liebe oder nicht: Berufung existiert nicht zuerst, damit das Leben jeden Tag purer Sonnenschein ist und ich zu jeder Zeit glücklich bin. Berufung ist meiner Meinung nach dafür da, dass Menschen durch mein Leben Gutes erfahren und vor allem: Liebe entgegengebracht bekommen. Das Schöne ist jedoch, dass das Ausleben der Berufung im nächsten Schritt aber tatsächlich mich selbst erfüllt, weil mein Leben Segen für andere darstellt.

Heute weiß ich, trotz der Herausforderungen und täglichen Schwierigkeiten in meinem Beruf und meiner Berufung: Mein Leben hat einen Mehrwert.

Mehrwert ist nicht gekoppelt an einen bestimmten Beruf oder eine bestimmte Tätigkeit. Mehrwert entsteht dann, wenn du zur richtigen Zeit am richtigen Ort bist und dein Fokus darauf liegt, anderen Gutes entgegenzubringen. Das kann so unterschiedlich aussehen, wie wir es uns gar nicht vorstellen können.

Als Fotografin war es meine Aufgabe, Momente festzuhalten, und in reduziertem Umfang gehe ich dieser Tätigkeit auch heute noch nach. Das Leben ist in meinen Augen wie eine große Momentaufnahme. Menschen, die eine Nahtoderfahrung machen, berichten oft, dass die Bilder ihres Lebens in einem Augenblick an ihnen vorbeiziehen.

Wenn dein Leben eine Momentaufnahme wäre: Was wäre darauf zu sehen? Bist du zufrieden mit dem Bild, das sich zeichnet, oder siehst du Potenzial für mehr? Raum für Veränderung entsteht nur in dem Maß, in dem wir ihn zulassen.

Wie wäre es, wenn du es mal ausprobierst, deine eigene Grabrede zu schreiben und dein Leben vom Ende her zu betrachten?

Kurzbiografie

Christin (29 Jahre) ist verheiratet, Fotografin und Grundschullehrerin, lebt diese Leidenschaft auf zwei Wegen: mit Menschen zu arbeiten und sie zu inspirieren – sei es durch kreative Bilder oder im Unterricht, in dem sie mit Begeisterung Wissen vermittelt und Humor in den Alltag bringt.

In ihrer Freizeit zieht es sie ans Meer, wo sie die Sonne am liebsten mit einem guten Buch genießt oder beim Stand Up Paddling in der Weite der Natur entspannt. Für sie sind es die kleinen Momente, die das Leben besonders machen – sei es bei einem gemütlichen Kaffee, tiefen Gesprächen mit Familie und Freunden oder langen Spaziergängen im Grünen.

Ihr Lebensmotto: „Sprich gute Gedanken laut aus" – denn positive Worte haben die Kraft, ein Lächeln in die Welt zu tragen und Herzen zu berühren.

5 VOM MIR-SELBST-VERGEBEN-KÖNNEN

Maike Kaul

Samstagmorgen

Es ist Samstagmorgen. Kein gewöhnlicher Samstag, wie ich ihn sonst erlebe. Heute Morgen bereite ich nicht den Frühstückstisch für meine Familie vor, meinen Mann und meine zwei Töchter. Ich fahre nicht zum Bäcker, um unsere liebsten Brötchen für unser *Family Feast* zu holen. An diesem Morgen wache ich mit starken Wehen auf. Mir wird schnell klar, dass ich heute meine dritte Tochter in den Armen halten werde. Wir machen uns fertig, mein Mann und ich, und fahren voller Vorfreude und Nervosität ins Geburtshaus. Dass wir das ein drittes Mal erleben würden, hätten wir vor elf Jahren nicht geglaubt.

Unser Start in ein gemeinsames Leben begann früh. Ich war achtzehn Jahre alt, mein Mann einundzwanzig. Darüber, dass er mich heiraten wollte, war er sich nach nur sieben Monaten im Klaren. Wir heirateten eineinhalb Jahre nach unserem Kennenlernen.

„Bist du bereit, Maike, deinen Mann zu lieben und zu ehren, in guten wie in schlechten Zeiten? Wirst du ihm treu sein?“ „Ja, mit Gottes Hilfe“, antworte ich überzeugt, nicht ahnend, dass meine Überzeugung stark auf die Probe gestellt werden würde.

Zwei Jahre nach der Hochzeit bereite ich mich an einem Samstagmorgen voller Anspannung und Nervosität auf eine Zugfahrt vor. Meinem Mann habe ich erzählt, einen Tag allein in Köln verbringen zu wollen. Sightseeing und Shopping, einfach nur für mich. Er fährt mich zum Bahnhof und gibt mir einen Abschiedskuss. „Ich wünsche dir eine wunderbare Zeit allein! Freue mich, dich heute Abend wiederzusehen.“

Nun steige ich zwar in den Zug Richtung Köln, habe aber eine andere Stadt zum Ziel – und einen anderen Mann. Auf diesen Tag haben sich die vergangenen Wochen zugespitzt. Seit Wochen habe ich, zwar aktiv, aber gleichzeitig ohne diesen Ausgang zu forcieren, mir ein Lügennetz aufgebaut.

Es hat ganz unscheinbar mit einem „Hallo“ angefangen. Es folgten tiefe Blicke, Telefonate, Nachrichten und ein Treffen und damit eine Situation, aus der ich mich nicht selbst befreien kann.

Gott spricht in dieser Zeit oft zu mir. Auf die verschiedensten Arten und Weisen. Ich höre Lieder, von denen ich mir sicher bin, dass er sie nur für mich hat schreiben lassen. Lese

Bibelstellen zum ersten Mal. Er überschüttet mich mit Gunst und will mich aus tiefster Liebe zu sich ziehen. Aber nichts kommt dem gleich, was ich an meinem Esstisch erlebe – kurz vor besagter Zugfahrt. Ich sitze da und plane meinen Samstagsausflug. Während ich meine Zugverbindung heraussuche, höre ich ihn.

Der Schöpfer von Himmel und Erde, der Ursprung allen Seins, spricht hörbar zu mir. Ich sehe keinen brennenden Busch und keine Rauchsäule. Es dröhnt kein Donner, und es wankt auch nicht der Boden. Aber ich höre ihn. Klar und deutlich. „Maike, mach das nicht", sagt er warnend, nicht mahnend. Liebend, nicht drohend. Gefangen in meinem Netz und voller Trotz schreie ich zurück: „Du hast mir gesagt, dass ich einen freien Willen habe, also lass ihn mir auch." Und er lässt mich. Ab diesem Zeitpunkt schweigt Gott.

Gott schweigt

So nehme ich nun meine Zugverbindung und breche meine Ehe. Breche das Versprechen, das mir wenige Jahre zuvor so leicht über die Lippen gegangen ist.

Am nächsten Tag breche ich zusammen und gestehe meinem Mann vieles von dem, was in den letzten vierundzwanzig Stunden und Monaten geschehen ist. Es bricht zitternd und weinend aus mir heraus und trifft meinen Mann und unsere Ehe mit einer Wucht der Verzweiflung.

Wo fängt man an, wenn alles zerbrochen scheint? Wo knüpft man an, wenn das Band, das einen zusammengehalten hat, gerissen ist? Wir stehen vor der Wahl, unseren gemeinsamen Weg hier zu beenden, oder uns auf eine lange Reise der Heilung, des Vertrauens und der Vergebung einzulassen. Obwohl alles in mir müde und hoffnungslos ist, und ich keine Liebe für meinen Mann empfinde, bleibe ich.

Ich glaube, aus mir selbst heraus habe ich nicht den Willen und die Kraft, das durchzuziehen. Aber Gott selbst hat etwas in mir entfacht, eine Art Ehrfurcht vor ihm und seinen Plänen für uns.

„Herr, ich weiß, dass du willst, dass ich bleibe. Aber ich habe keine Liebe für meinen Mann. Die musst du mir geben", bete ich über ein Jahr lang jeden Tag. Diese Zeit ist geprägt von der täglichen Entscheidung, meine Zukunft und die meiner Ehe bedingungslos in Gottes Hand zu legen. Was ich nach einem Jahr Gebet und Vertrauen erleben darf, hat meine Beziehung zu Gott für immer vertieft.

Die Treppe

In dem Haus, in dem wir damals lebten, gab es eine lange Treppe vom Ober- ins Erdgeschoss. Es war ein ganz gewöhnlicher Tag, und ich war auf dem Weg in den Garten. Als ich gerade die Treppe herunterging, musste ich stehen bleiben, um nicht zu fallen, so intensiv und überraschend traf mich eine „arme Dusche". Ich konnte körperlich spüren, wie Gott einen Eimer Liebe für meinen Mann über mir ausschüttete. Plötzlich waren da Gefühle, die ich lange nicht gefühlt hatte. Mein ganzer Körper war wie elektrisiert, und ich war wieder verliebt.

Mit der Liebe kam Hoffnung. Für erneutes Vertrauen zueinander hatte Gott hier einen Anfang geschaffen. Nach einigen Jahren konnte ich verstehen, dass er diese Zeit des Wartens und des täglichen Gebets genutzt hatte, um mir zu helfen, mir wieder selbst Glauben schenken zu können und meine Treue wieder zu erproben. Es war kein gehässiges Hinhalten, sondern eine wertvolle Lebensschule, die mich durch die nächsten Jahre tragen würde.

Wer die Ehe bricht, ist nicht nur Täter, sondern auch Opfer. Die eigene Seele ist Opfer von dem Körper und Geist, die sie ummanteln. Deshalb reicht es nicht aus, nur vom Partner und von Gott Vergebung zu empfangen, sondern auch von sich selbst. Mir das einzugestehen und zuzusprechen, war neben dem Vertrauensaufbau zu meinem Mann der schwierigste und langwierigste Prozess.

Echter Schmerz

Für wahre, tiefgreifende Vergebung braucht es echten Schmerz. Einen Schmerz über die eigene Fehlerhaftigkeit und die Tat an sich. Das Herz muss an den Punkt kommen, an dem es versteht, dass es weich werden und sich verändern muss. Dass die Situation nicht so bleiben kann, wie sie war. Denn eine Entschuldigung ohne Veränderung ist Manipulation. Vergebung erkennt die Fehlerhaftigkeit an und entscheidet sich im Anblick des Schmerzes dafür, nicht auf Recht zu bestehen, sondern die Gnade triumphieren zu lassen.

Mein Mann sprach mir nach kurzer Zeit seine Vergebung aus. Sein Ja für mich war ungebrochen. Sein Versprechen, mich in guten wie in schlechten Zeiten zu lieben und zu ehren, war nicht aufgelöst. Doch fiel es mir sehr schwer, diese Vergebung anzunehmen. Zu realisieren, dass ich meine Ehe gebrochen hatte, lag schwer auf mir.

Dass vergeben nicht vergessen heißt, wurde uns klarer denn je. Ein Vergessen muss auch nicht das Ziel sein. Denn mit dem Vergessen, was ohnehin fast ein Ding der Unmöglichkeit ist, gehen nicht nur die Niederlagen verloren. Auch die Segnungen können nicht anerkannt werden, wenn man „Gras über die Sache wachsen lässt". Ein Vertrauensbruch dieser Art muss auf so vielen verschiedenen Ebenen aufgearbeitet werden, um heilen zu können. Zu tun, als hätte es diesen Riss nicht gegeben, wäre Verdrängung und verhindert die Chance, echte Einheit wiederherzustellen. Außerdem lag in all dem so viel Gutes. So viel Göttliches. Unsere Geschichte ist eine der Geschichten, die beweisen, wie Gott aus Asche Schönheit schafft.

Um Gottes Vergebung anzunehmen, musste ich mich auf die Reise machen, mir selbst vergeben zu können. Seine Vergebung war schon da. Nie hatte er mir seine Hand entzogen. Nie haben seine Umarmungen und Segnungen mich ausgeschlossen. Auch wenn er für eine Zeit nicht mehr mit mir sprach, lagen auf dem gesamten Weg zahlreiche Segnungen für mich.

Unsere Ehe wurde zwar wieder leichter, und wir unternahmen viel zusammen, sprachen so viel und so ehrlich miteinander, wie es uns möglich war. Und dennoch konnte ich der Frage irgendwann nicht mehr ausweichen, warum ich mir selbst nicht vergeben konnte. Als ich Gott in meine Tiefen blicken ließ, zeigte er mir die Antwort.

Ich **wollte** mir nicht vergeben. Meine Selbstgerechtigkeit war so groß, dass ich mich lieber mit Vorwürfen und Selbstverachtung quälen wollte, als mir zu vergeben. Ich wollte diesen Schmerz über meine Fehlerhaftigkeit und den Ehebruch so lange wie möglich fühlen. Zu einfach schien mir die Vergebung. Zu unverdient diese Gnade.

Dazu kamen innere Stimmen, die mir sagten, dass ich als Täterin nicht das Recht hätte, Vergebung zu empfangen. Stimmen, die mich für immer gefangen halten wollten in meinem Netz aus Lügen, das ich so mühsam gesponnen hatte.

Diese Stimmen kamen nicht von Gott. Es waren die Stimmen, die mich ermutigt hatten, kleine Schritte in Richtung Ehebruch zu gehen. Die am lautesten wurden, nachdem ich Gottes Reden verneint hatte. Die Stimmen des Anklägers, des Lügners, des Verdrehers, des Manipulators, des Feindes jeder menschlichen Seele. Ich hatte erlaubt, dass der Vater der Lüge in mein Herz sprechen durfte.

Als ich nun Gott wieder die Führung über meine Zukunft zurückgegeben hatte und er mir mein Innerstes erklärte, war es, als würde mir ein Schleier von den Augen wegfallen. Als könnte ich auf einmal klar und deutlich sehen. In diesem Moment sprach er wieder. Dieses Mal nicht akustisch, aber so klar und laut, dass mein Herz es hörte und verstand. „Wenn ich dir vergeben habe, mit welchem Recht kannst du dir nicht selber vergeben?", rief er mir zu.

Ein weiches Herz

Im Angesicht des Vaters der Liebe konnte mein Herz wieder weich werden. Es wurde konfrontiert mit bedingungsloser Liebe und unverdienter Gnade. Seit meiner Kindheit kannte mein Verstand dieses göttliche Konzept. Viele Male hatte ich anderen davon erzählt. Es selbst zu erfahren, während ich vor den Trümmern meiner Fehlentscheidung stand, hat mich für immer verändert. „Ihre vielen Sünden sind vergeben, denn sie hat viel geliebt", steht in der Bibel in Lukas 7,47 (LUT). Diese Liebe brachte mich zur Kapitulation. Ich kapitulierte vor meiner Selbstgerechtigkeit und ließ Gott selbst meine Gerechtigkeit sein. Ich kapitulierte vor meiner Scham und ließ mir meine Würde zurückgeben. Ich kapitulierte vor meiner Sturheit und vergab mir.

Mit einem Mal lebte meine Seele wieder auf. Es war, als hätte sie die ganze Zeit die Luft angehalten. Jetzt konnte sie wieder atmen. Sie war frei. Ich war frei. Die Scham verschwand, die Schwere der Unvergebenheit verschwand, und Leichtigkeit kam zurück.

Während unserer Trauung hatte mein Schwiegervater eine dreifache Schnur geflochten. Er zeigte damit ein göttliches Prinzip, ein göttliches Versprechen. „Eine dreifache Schnur reißt nicht leicht entzwei", steht in Prediger 4,12. Dass sie gar nicht reißt, ist nicht das Versprechen, sondern dass sie nicht leicht reißt. Gott war der dritte Faden in unserer Ehe. Unser Faden ist gerissen. Aber nicht ganz.

Wir konnten neu anknüpfen. Durften neue Farben wählen, neues Material bestimmen und aus unserer dünnen Schnur ein festes Seil flechten lassen. Ein Seil, wie man es für Sondereinsätze nimmt, eines, das im Feuer eingesetzt werden kann und mit dem man hohe Berge erklimmt oder sich in tiefe Tiefen abseilen lässt. Ein Seil, das geflochten wurde, um zu halten, ganz gleich, welche Herausforderungen zu bezwingen sind. Unsere Schnur ist dort hineingeflochten. Sie verhindert das Vergessen und erinnert uns daran, wie lebensverändernd Gottes Liebe ist.

Die Geburt

Zurück in die Zukunft. Es ist 11:45 Uhr am besagten Samstagmorgen. Seit wenigen Stunden sind wir nun im Geburtshaus. Noch zwei intensive Wehen, und ich begleite unsere Tochter auf diese Welt. Halte sie noch einen langen Moment lang unter Wasser in meinen Händen, um sie in Ruhe zu betrachten, bevor ich sie hinaushebe, hinein in ihr Leben. Die Geburt war himmlisch, kraftvoll und heilsam. Vor elf Jahren hätten wir nicht daran geglaubt, dieses Wunder zu erleben. Eine Ehe mit tiefer Verbundenheit, Respekt und gegenseitigem Verständnis. Zum dritten Mal Eltern werden.

Ich sehe Parallelen zwischen der Geburt und unserer Geschichte. Erkenne eine Symmetrie. Es gibt guten Schmerz. Einen Schmerz, der Leben hervorbringt! Er bringt uns in unausweichliche Situationen, konfrontiert uns mit unseren Ängsten und Zweifeln. Und wenn wir ihn zulassen, wenn wir im Schmerz den Atem nicht anhalten, sondern uns mit göttlichem Odem füllen lassen, bewegt er etwas in uns. Genau dann loszulassen, braucht unglaublich viel Mut. Sich hinzugeben, ohne zu wissen, wie lange diese Wellen dauern.

Und dann, kraftvoll, göttlich, schön, kommt neues Leben hervor. Ein Leben, das so neu und unbekannt vor uns liegt. Das ganz viel Hoffnung mitbringt, gelebt und geliebt werden will.

In unserer Ehe durften wir die verändernde Kraft von Liebe und Vergebung erleben. Gott schenkte uns das Wunder eines Neuanfangs. Genau hierin liegt mein Hauch von Eden. Er zeigte uns einen Weg zurück zu der Gemeinschaft, zu der wir mit ihm und füreinander in unserer Ehe bestimmt sind. Er zeigte uns einen Weg zurück nach Eden.

Kurzbiografie

Maike (33 Jahre) lebt mit ihrem Mann und ihren drei Töchtern im Raum Tübingen. Als Vollzeitmama und selbstständige Unternehmerin im Bereich Naturkosmetik und Nachhaltigkeit verbindet sie ihre Liebe zur Familie mit ihrer Leidenschaft für umweltfreundliche und gesunde Pflegeprodukte. Sie legt großen Wert auf einen bewussten Lebensstil, der sowohl der Natur als auch ihrer Familie zugutekommt.

Ihre persönliche Liebessprache ist das *Home Making*, das sich in der Gestaltung eines warmen und liebevollen Zuhauses ausdrückt. Tiefgründige Gespräche, aber auch leichte und humorvolle Unterhaltungen gehören zu den Momenten, die sie am meisten schätzt und pflegt.

6 VON EINER UMARMUNG IN KRIEGSZEITEN

Katharina Funk

Erinnerungen

Wenn ich auf meine fünfundachtzig Jahre Lebenszeit zurückschaue, blicke ich auf ein beachtliches Repertoire an Erinnerungen in meinem Inneren. Manche kommen regelmäßig an die Oberfläche, manche tauchen Jahrzehnte lang ab, und dann sind sie auf einmal da und entfalten sich. Erinnerungen an all die Menschen, all die Orte, all die Gespräche,

Emotionen, Gebete, Tragödien, Glücksmomente, Erlebnisse jeder Facette, Farbe und Intensität. Ein volles Leben. Ein schweres, herausforderndes Leben. Aber auch ein Leben voller Segen und kostbarer empfangener Gaben. Die größten davon sind meine drei Kinder, fünf Enkelkinder und vier Urenkelkinder. Sie sind mein ganzer Stolz und meine größte Freude.

Als meine Enkeltochter (die Herausgeberin dieses Buches) mich fragte, ob ich bereit wäre, von einem Hauch von Eden aus meinem Leben zu berichten, wusste ich, dass ich von diesem Augenblick erzählen wollte.

Es ist eine Erinnerung, die sich wie kaum eine andere vor meinem geistigen Auge abzeichnet: die Rückkehr meines Vaters aus dem Krieg. Sie ist so prägnant, weil sie mein erstes bewusstes Aufeinandertreffen mit ihm darstellt. Ebenso ist sie die letzte Erinnerung, die ich an ihn habe, weil er einige Zeit später im Krieg starb und wir uns nie wiedersahen. Aber mehr als das birgt diese besondere Erinnerung eine geheimnisvolle Ebene, die von Spiritualität und Verbundenheit mit Gott in meinem jüngsten Kindheitsalter zeugt. Anders kann ich persönlich mir nicht erklären, was damals geschah.

Kriegszeiten

Sommer 1942, Siebenbürgen, Rumänien

Unter sternenklarem Himmel kniete ich gemeinsam mit meiner Mutter und meinem zwei Jahre älteren Bruder draußen vor unserem Bauernhof. Der Boden war noch warm von der Sonne des zu Ende gehenden Tages. Die staubige Hitze wich langsam einer etwas angenehmeren Kühle. Endlich Abend. Alle drei waren wir müde und überanstrengt. Es gab so viel Arbeit rund um unsere Tiere, die Felder, den Gemüse- und Obstgarten, das großen Bauernhaus ... Ich war gerade mal drei Jahre alt, aber die volle Wucht der Weltgeschichte hatte auch unsere Familie erreicht. Zehn Tage nach meiner Geburt war mein Vater in die Armee einberufen worden, und jeden Tag machten wir uns Sorgen und beteten zu Gott, er möge ihn schützen.

Mein kleines Gesicht reckte sich gen Himmel. „Lieber Gott, bitte bring mir meinen Vater zurück nach Hause!" Alles in meiner kleinen Seele sehnte sich nach der Umarmung meines Vaters. Obwohl ich noch nicht mal sein Gesicht kannte und auch keine einzige Erinnerung an ihn hatte. Aber er war da draußen, irgendwo. Mein Vater. Und ich wollte nichts sehnlicher, als ihn zu Hause zu haben, um ihn endlich kennenzulernen.

Ich war im April drei Jahre alt geworden. Die Sommerhitze brannte auf unser Dorf, das den Namen Haschagen trug. Hier lebten eine ganze Reihe „Siebenbürger Sachsen", deutsche Familien, die als Minderheit in Rumänien ihre eigene Kultur in deutsch geprägten Städten und Dörfern aufrechterhielten und zum größten Teil unter sich blieben.

Obwohl ich so jung war, schleppte ich kübelweise Wasser von unserem Brunnen im Hof in den großflächigen Garten zu den Gemüsebeeten, um das wertvolle Angepflanzte zu gießen. Wir versorgten uns selbst, und auch wenn es viel Arbeit gab, waren wir immerhin nicht arm. Wir lebten äußerst bescheiden, hatten aber alles, was wir brauchten.

Mein Vater, der im Alter von zwei Jahren Vollwaise geworden war, hatte unseren Grund und Boden von seinen Eltern vermacht bekommen. Weil er noch zu jung war, verpachtete man den Hof und das Land für ihn, und er selbst arbeitete als Dienstknecht bei einem anderen Bauern.

Als er alt genug war, übernahm er schließlich sein Erbe und heiratete 1936 meine Mutter. Bei ihrer Hochzeit war meine Mutter sechzehn Jahre alt, mit siebzehn brachte sie meinen älteren Bruder zur Welt, mit neunzehn erwartete sie mich. Mit Mitte zwanzig würde sie Witwe sein. Aber noch befanden wir uns im Krieg, und mein Vater kämpfte an der Front wie alle anderen Männer aus unserem Dorf. Mein Großvater war zu Kriegsbeginn alt genug, um nicht einberufen zu werden, und unterstützte meine Mutter und uns Kinder auf dem Bauernhof – neben der Arbeit auf seinem eigenen Hof und der Fürsorge für weitere Familienangehörige.

Ich hatte viel Mitleid mit meiner völlig überarbeiteten Mutter. Ich liebte sie von ganzem Herzen, und sie hatte eine innige und herzliche Verbindung zu uns Kindern. Tatsächlich hatte ich sogar Angst um sie, Angst, dass sie krank werden und sterben könnte. Angst, dass wir vielleicht allein zurückbleiben würden als Kinder, denn keiner wusste, ob und wann die Väter aus dem Krieg heimkehren würden. Rumänien kämpfte an der Seite der Nazis an der Front zur Sowjetunion. Nur spärlich erhielt man Nachrichten oder gar Briefe von den Soldaten.

Als mein Vater einberufen wurde – ich hatte erst Tage zuvor das Licht der Welt erblickt – trug er das amtliche Schreiben zwei ganze Tage in seiner Jackentasche umher, bevor er meine Mutter davon in Kenntnis setzte. Als er aufbrach, blieb sie, selbst fast noch ein Kind, zurück mit einem zweijährigen Sohn und mir als Neugeborenem.

Ich bedauerte meine Mutter also jeden Tag und half, wo ich konnte. Immer wieder sagte sie zu mir: „Ach Kind, du bist doch eigentlich noch viel zu jung, um so hart zu arbeiten."

Meine Mutter war hart im Nehmen, also war ich es auch. Aber nie habe ich eine fleißigere Frau gesehen als sie. Unser ganzes Dorf war voller hart arbeitenden Frauen, allein mit ihren Kindern. Teils waren sie schon Witwen. Teils viel ärmer als wir. Ich holte also manchmal Nachbarskinder auf unseren Hof, bat sie mitzuhelfen und bot ihnen dafür eine Scheibe Brot.

Trotz all der herausfordernden Umstände, dem Leid und

der Not in vielen Familien, arrangierten die Menschen sich irgendwie damit. Es gab keine Zeit, über Traumata nachzudenken, und man konnte sich kein Burn-out leisten. Die Menschen im Dorf halfen sich gegenseitig, glaubten trotz allem an einen gnädigen Gott, gingen in die Kirche und beteten um Schutz für ihre Liebsten an der Front. Heute habe ich manchmal das Gefühl, dass Leid oder Kummer Menschen völlig vereinnahmen und sie komplett aus dem Leben reißen. Manchmal frage ich mich, wie wir das alles damals überstanden haben und trotzdem immer wieder Hoffnung schöpfen konnten. Das Leben besteht nun einmal aus Freude und Leid. Das zu akzeptieren, ist vielleicht ein erster Anfang, um das Leid nicht den ganzen Lebensboden überwuchern zu lassen.

Meine Großmutter und meine Mutter waren beide tiefgläubige Frauen. Sie vermittelten mir von klein auf das Vertrauen in Gott, und so betete ich in diesem Sommer täglich voller Erwartung und mit meinen einfachen kindlichen Worten für die Heimkehr meines Vaters. Ich würde ihn eines Tages kennenlernen, da war ich mir sicher.

Die Heimkehr

Wir wohnten am Anfang unseres Dorfes, wenige Häuser lagen zwischen uns und dem Dorfrand. Eins davon war die Mühle. Der alte Müller und seine Familie waren gute Bekannte, er war einer der wenigen Männer, die zu Kriegszeiten noch im Dorf waren. Was allen zugutekam, denn so konnte das Korn weiterhin gemahlen werden.

An diesem bestimmten Sommerabend waren meine Mutter, mein Bruder und ich zum Müller hinuntergelaufen, obwohl es schon dunkel geworden war. Etwas Besonderes lag in der Luft, das konnte ich schon den ganzen Tag spüren. Ich war mir sicher, dass heute der Tag war, an dem mein Vater heimkehren würde. Es war wie eine Stimme in mir, die mich aufforderte zu vertrauen. Aufgeregt, nervös und unruhig hatte ich also meine Mutter schon den ganzen Tag belagert und sie angebettelt, trotz der späten Stunde noch mal Richtung Dorfrand laufen zu dürfen und vom Müller aus Ausschau zu halten.

Verwundert schaute dieser uns an, als wir im Dunkeln aufkreuzten. Was taten wir hier um diese Uhrzeit? Meine Mutter erklärte: „Dieses Kind lässt mir keine Ruhe! Sie ist fest davon überzeugt, dass ihr Vater heimkommt."

Ich kann uns vor meinem geistigen Auge sehen, wie wir da in der Mühle auf einem Sack Getreide saßen, das darauf wartete, gemahlen zu werden. Und ich wartete auf die Rückkehr meines Vaters. Er würde heute noch kommen, da war ich mir sicher!

Schließlich hielt ich das Herumsitzen nicht mehr aus. Ich lief hinaus und wieder hinein, hinaus und hinein. Ich sprang draußen auf der Straße herum, um ja die Erste zu sein, die ihn sah. Und dann sah ich ihn tatsächlich. Eine herannahende Gestalt, die langsam die Dorfstraße herunterkam. Trotz der Dunkelheit konnte ich die grünliche Uniform erkennen, einen Rucksack auf dem Rücken. Er musste vom Zug gekommen sein. Meine Augen fixierten die Gestalt, und der Moment speicherte sich in meinem kleinen Herzen für alle Zeiten ab.

Dann rannte ich völlig ausgelassen wieder hinein in die Mühle und rief: „Mein Vater ist da, mein Vater ist da!" Keiner konnte mich aufhalten. So schnell ich hineingesprungen war, sprang ich wieder hinaus auf die Straße und lief mit all meiner angestauten Sehnsucht nach meinem unbekannten und doch so inniglich geliebten Vater auf genau diesen zu.

Wie in Zeitlupe rannte ich meinem Vater entgegen und war als Erste bei ihm. Mein Bruder und meine Mutter waren mittlerweile auch aus der Mühle gekommen, aber ich nahm nichts davon wahr. Ich strahlte meinen Vater an, all meine Aufmerksamkeit war ihm zugewandt. Die innere Stimme hatte mich also nicht vorgeführt. Ich hatte richtig gehört! Mein Vater war heimgekommen.

„Ich will auf deinen Arm und von dir bis nach Hause getragen werden", forderte ich überglücklich von ihm ein. An diesem Abend trug mich mein Vater auf seinem Arm also bis nach Hause. Und auch danach wurde er mich nicht mehr los.

Sommerwochen voller Wonne

Wenige Wochen war er nur da. Aber ich hatte einen Vater! Einen, den ich berühren, anlächeln, mit dem ich reden konnte. Ich sehe ihn vor mir, wie er in unserer kleinen Sommerstube am Tisch saß. Das Sonnenlicht fiel auf den Holzboden, und das Gefühl von Wonne durchströmte mich damals und durchströmt mich heute. Was die Anwesenheit einer geliebten und lang vermissten Person doch ausmacht! Man möchte die gemeinsamen Momente aufsaugen, in die Länge ziehen, konservieren.

Ich muss heute noch lachen, wenn ich an seine Konserve denke! Die Fischkonserve war eine der wenigen Habseligkeiten, die sich bei seiner Rückkehr in seinem fast leeren Rucksack befand. Meine Mutter und mein Bruder hassten den Fischgeruch, und als mein Vater die Konserve genüsslich öffnete, ergriffen sie buchstäblich die Flucht, sodass in der Sommerstube nur mein Vater und ich am Tisch zurückblieben. Wir lachten herzhaft. Ich durfte auf seinem Schoß sitzen und mit ihm gemeinsam die Fischkonserve leer essen.

So viel er konnte, arbeitete er auf dem Hof. Er begann mit dem Neubau der Schweineställe. Die große Scheune hatte er bereits vor dem Krieg erneuert. Ich wollte jeden Moment an seiner Seite verbringen, ihn überallhin begleiten, seine

Hand halten. Er beugte sich zu mir hinunter und erklärte mir: „Mein liebes Kind, ich kann dich nicht überall hin mitnehmen, ich muss meiner Arbeit nachgehen, damit ich die Schweineställe fertigstellen kann. Denn ich weiß nicht, ob ich noch mal wiederkomme."

Er kam nicht mehr wieder. Die wenigen Wochen im Sommer 1942 sind die einzige Erinnerung, die ich an meinen Vater habe. Irgendwann kamen drei Männer aus unserem Dorf von der Front vor Stalingrad und berichteten uns, dass mein Vater tot war. Vor lauter Schwäche, Kälte und Hunger war er wie so viele andere krank geworden und hatte nicht überlebt.

Zehrende Jahre

Die Kriegsjahre zehrten an uns allen. Als der Zweite Weltkrieg zu Ende war, startete ich mit der Schule. Drei Klassenjahrgänge wurden in meinem Fall gemeinsam unterrichtet, weil so viele Lehrer im Krieg gefallen waren. In meiner Jahrgangsstufe waren wir noch über dreißig Kinder. Irgendwann kamen keine Kinder mehr nach, weil so viele der Väter nicht nach Hause zurückgekehrt waren.

Ich erinnere mich an ein Gebet, das ich immer wieder sprach: „Lieber Gott, ich weiß, dass mein Vater tot ist. Das sagen alle. Aber du kannst ihn doch wieder lebendig machen und ihn mir zurückgeben." Wie sehr wünschte ich mir, ihn noch einmal die Dorfstraße hinaufkommen zu sehen. Auf seinem Schoß zu sitzen. Ihm im Schweinestall zur Hand zu gehen.

Nach Kriegsende stellte man es den deutschstämmigen Soldaten aus der rumänischen Armee frei, zurück nach Siebenbürgen zu ihren Familien zu gehen oder in die DDR überzusiedeln. Viele entschieden sich für Letzteres und gründeten dort eine neue Familie. Ich schämte mich fast, es auszusprechen, aber als ich das hörte, sagte ich zu Gott, dass ich froh war, dass mein Vater tot war und ich ihn nicht bei einer neuen Familie weit weg wissen musste.

Diese Ereignisse lehrten mich, Gott alles – wirklich alles – aus meinem Herzen anzuvertrauen und tatsächlich zu glauben, dass er in meinem Inneren zu mir sprach, wie er es am Tag der Heimkehr meines Vaters getan hatte. Auch heute noch genießt Gott mein allergrößtes Vertrauen. Mein Glaube an ihn wankt nicht, nur weil Dinge manchmal nicht so kommen, wie ich es gerne hätte. In meinem Leben ist auch später vieles nicht so gelaufen, wie ich es mir gewünscht hätte. Aber in allen Höhen und Tiefen mich dem Allmächtigen anvertrauen zu können, ist wie das Rennen in die Arme eines ewigen Vaters. Der immer präsent ist und mich nie verlässt. Ich könnte ein ganzes Buch füllen mit dem, was ich mit ihm erlebt habe. Vielleicht ein anderes Mal, so Gott will und ich noch lebe.

Kurzbiografie

Katharina (Jg. 1939) hat mehr als die Hälfte ihres Lebens in Siebenbürgen verbracht. Als sie mit ihrer Familie 1990 nach Süddeutschland übersiedelte, begann ein ganz neuer Lebensabschnitt. Mit ihrem Mann, der bereits im Alter von 64 Jahren starb, hat sie drei Kinder. Ihre fünf Enkelkinder und vier Urenkelkinder sind ihre größte Freude.

Noch äußerst klar im Kopf, herzlich und charmant in ihrer Art, hält Katharina sich mit disziplinierter Gymnastik und langen Fußmärschen fit. Sie ist Gott dankbar für alle Eigenständigkeit und Agilität, die sie in ihrem hohen Alter noch hat. Zuletzt hat sie es sehr genossen, mit ihren Enkelkindern Städtereisen in europäische Metropolen zu unternehmen. Am liebsten verbringt sie jedoch am frühen Morgen Zeit mit Gott im Bibelstudium und Gebet.

7 VOM VERLASSEN DER KOMFORTZONE

Kirsty Bond

Neue Routinen

Ich liebe die Annehmlichkeiten und komfortablen Dinge in meinem Leben; mein Bett und auch meine Routine, jeden Morgen, Jahr für Jahr, denselben Tee und dasselbe Toast zum Frühstück. Ich liebe meine Heimatstadt, in der ich von meinem Haus aus in einem Radius von fünf Kilometern acht menschenleere Strände erreichen kann.

Mein Heimatland Neuseeland ist weltweit als Inselparadies bekannt. Doch die Momente, in denen ich mich Gott am meisten verbunden fühlte und seine Fürsorge am intensivsten spürte, waren die, als ich mein Zuhause und meine Routinen vorübergehend hinter mir ließ. Egal, wie oft ich mich an einen anderen Ort auf dieser Erdkugel aufmachte – ich wurde immer wieder überwältigt von Gottes Souveränität. Es sind besondere Erlebnisse, sich an einem völlig fremden Ort zu befinden und dennoch unter dem wachsamen Auge und der Größe eines allmächtigen Gottes zu stehen, der genau dort bei mir ist und gleichzeitig die ganze Erde hält!

Erste Auslandserfahrungen

Meine erste Auslandsreise ohne meine Eltern machte ich als naive Fünfzehnjährige auf einer Geografie-Exkursion meiner Schule nach Singapur und Malaysia. Das lag weit außerhalb meiner Komfortzone, und ich zögerte, mich darauf einzulassen. Aber ich fasste den Mut, bestieg das Flugzeug mit einer Gruppe anderer aufgeregter Teenager und erlebte die Zeit meines Lebens. Rückblickend kann ich kaum glauben, wie viel Freiheit uns in unserem Alter und mit unserer fehlenden Reife eingeräumt wurde. Wir wurden nachts mit unseren Freunden auf die Straßen von Kuala Lumpur losgelassen, ohne dass uns ein Erwachsener begleitete. Wir nahmen Taxis, kauften Kleidung in Einkaufszentren, deckten uns auf den Märkten mit gefälschtem Parfüm ein und aßen Teller voll gebratenem Reis. Wir kosteten die Unabhängigkeit in einem fremden Land aus, ohne zu bemerken, wie unangebracht das Vertrauen war, das der junge Lehrer, der die Aufsicht hatte, in uns setzte. Würden wir sicher ins Hotel zurückfinden und Taschendieben oder – schlimmer noch – Menschenhändlern ausweichen können?

Alles ging gut. Doch ich werde nie das Gefühl vergessen, durch die Straßen einer belebten Stadt zu spazieren, umgeben von Schildern, die ich nicht verstand, einer Sprache, die ich nicht begreifen konnte, ohne dass ein Erwachsener da war, auf den ich mich verlassen konnte. Tief in mir spürte ich aber die Gewissheit, dass ich Gottes Kind war und mein himmlischer Vater, der Schöpfer des Universums, ein wachsames Auge auf mich hatte. Dies war seine Welt. Seine große, schöne, vielfältige Welt.

Nach der Uni

Sobald mein Universitätsabschluss in der Tasche war, stieg ich in ein Flugzeug nach Vancouver, um das Ski-Paradies Whistler Village zu erreichen. Keine vorab organisierte Unterkunft, kein Job, aber ich hatte den Weg im Gebet geebnet: „Himmlischer Vater, versorge du mich!"

Gemeinsam mit anderen jungen Arbeitssuchenden nahm ich an einer kurzen Info-Veranstaltung teil, die es zum Thema machte, wie wir uns ein neues temporäres Leben in Kanada aufbauen konnten. Irgendwie ergab sich ein kurzes Gespräch mit jemandem, dessen Freund bereits eine Wohnung in Whistler hatte. War das eine göttliche Fügung? Ich erhielt eine Telefonnummer, und wir gingen getrennte Wege.

Am nächsten Tag war ich mit dem Bus auf dem Weg nach Whistler. Ich checkte für die Nacht in einem Hostel ein und nahm mir einen Moment, um die Nummer vom Vorabend anzurufen. Am anderen Ende der Leitung waren vier australische Mädchen, die sich gerade bei Starbucks trafen. Sie waren gerade dabei, ihr Zusammenziehen zu besprechen und waren bereit darüber nachzudenken, ob ich ihre fünfte Mitbewohnerin werde könnte. Ein unkompliziertes Kennenlernen endete in einer spätabendlichen Wohnungsbesichtigung.

Und tatsächlich sagten sie mir zu. Ich konnte direkt mit ihnen gemeinsam in das zwar kompakte, aber moderne Apartment ziehen, und mein reserviertes Bett im Hostel blieb in dieser Nacht leer. Am nächsten Morgen erwachte ich mit einem atemberaubenden Blick auf schneebedeckte Berge. In diesem Hauch von Eden verband sich mein dankbares Herz mit Gott, dem Schöpfer dieser dramatisch schönen Szene vor mir. Er war mein Versorger und Beschützer.

Innerhalb weniger Stunden nach meiner Ankunft in Whistler hatte er für mich alles bestens organisiert. Und das in einer Stadt, in der Unterkünfte zu Beginn der Wintersaison sehr knapp sind. Whistler wird gewöhnlich von Ausländern überflutet, die ihre Ski-Träume verwirklichen wollen. Man muss um Jobs und Unterkünfte kämpfen, Löhne sind gering und die Mieten hoch. Überfüllung ist unvermeidlich, und auch unser Apartment war keine Ausnahme. Meine Matratze lag auf dem Boden, direkt am Fußende eines Doppelbetts, das von zwei Mädels geteilt wurde. Aber diese beengte Wohnsituation war erträglich – nein, sie war ein Geschenk! Vor allem, weil sich daraus enge Freundschaften entwickelten. Ein Whirlpool mit einem atemberaubenden Blick vom Balkon war im Deal inbegriffen.

Diese Saison in Whistler war ein Traum. Gott versorgte mich in seiner Treue zusätzlich mit einem Job und schenkte mir viele grandiose Snowboardtage über den Wolken, bei denen ich mich mit ihm auf den Berggipfeln verbunden fühlte.

So sehr wir Menschen auch alles im Voraus planen und absichern wollen, manchmal ist es erfüllender, Gottes Plan für uns zu entdecken, als alles selbst hinzubekommen. Ich erlebte das wieder, als ich von Kanada nach London reiste, um dort den Rest meines *Gap Years* zu verbringen. Ich reiste eine kurze Zeit durch Europa – noch bevor es Google Maps und Google Translate gab. Es war immer noch gültig, was Mose zu den Israeliten sagte, als sie sich darauf vorbereiteten, ein neues, noch unbekanntes Land zu betreten: „Hab keine Angst und verliere nicht den Mut, denn der Herr selbst wird vor dir hergehen. Er wird bei dir sein. Er wird sich nicht von dir zurückziehen und dich nicht im Stich lassen!" (5. Mose 31,8).

Abenteuer zu zweit

Mehrere Jahre später rief das Eheleben meinen Mann Ben und mich in weitere unbekannte Abenteuer. Wir hatten den gemeinsamen Traum, eine Weile zusammen im Ausland zu leben und übergaben diesen Wunsch Gott im Gebet, denn: „Ein Mensch kann viele Pläne schmieden, doch der Wille des Herrn wird sich erfüllen" (Sprüche 19,21).

Diesen Traum musste Gott in unsere Herzen gepflanzt haben. Durch einige unerwartete Verbindungen erhielt Ben einen Job in Mannheim. Die Tür war offen, und so machten wir uns bereit, unsere Sachen auf ein Containerschiff zu verladen, stopften den Rest in Koffer und verabschiedeten uns von unserem komfortablen Leben – auf Wiedersehen Freunde, Familie und wertgeschätzte Ortsgemeinde; ein Lebewohl an die vertraute Kultur und Sprache, die wir intuitiv verstehen.

Hallo erneut zu diesem Gefühl, keine Ahnung zu haben, worauf wir uns da einließen. Und doch so sicher zu sein, dass Gott auf unserer Seite war. In Deutschland konnten wir zunächst nicht verstehen, was die Menschen um uns herum sagten, welche Lebensmittelverpackungen wir im Supermarkt kaufen sollten oder wie wir ein Bankkonto eröffnen konnten. Die Überwältigung war enorm!

Am zweiten Tag in Deutschland beschimpfte mich eine ältere Frau öffentlich und aggressiv dafür, dass ich mich auf den Platz in der Straßenbahn gesetzt hatte, der für

Menschen mit Behinderung reserviert war. Natürlich kennen auch wir in Neuseeland die Symbole dafür, aber es war einfach alles so viel!

Mit Gottes Hilfe und Führung würden wir durchhalten, die Dos and Don'ts dieser Kultur lernen, die Kommunikation meistern, Freunde finden, ein persönliches Umfeld aufbauen und die anfänglichen Barrieren überwinden, die das Leben so schwer erscheinen ließen. Ein großes Anliegen hatten wir zusätzlich an Gott: Wir wünschten es uns sehr, eine lokale Kirchengemeinde zu finden, in der wir uns zugehörig fühlen konnten. Von gleichgesinnten gläubigen Menschen umgeben zu sein, war Ben und mir ein hoher Wert in unserem Leben. Selbst wenn diese Menschen eine andere Sprache sprechen sollten.

Es gab viele große, prächtige Kirchengebäude in unserer Stadt. Sie faszinierten uns, und wir besuchten immer mal einen Gottesdienst, in der Hoffnung, die persönlichen Verbindungen zu den Christen vor Ort zu finden, nach denen wir uns sehnten. Aber die Liturgien waren uns fremd, es kam kein persönlicher Kontakt zustande, und wir fühlten uns isoliert und entmutigt. Wir beteten weiter darum, dass Gott uns einen Ort schenken würde, an dem wir uns geistlich zu Hause fühlen würden. Nun war es an der Zeit, auch Google um Hilfe zu bitten. Wenn Gott und Google zusammenkommen, können mächtige Dinge geschehen. Ich stieß auf die Facebook-Seite einer freien evangelischen Gemeinde, die einmal im Monat auch englische Gottesdienste anbot. Dieser Ort klang vielversprechend. Ich betete: „Vater Gott, lass es genau das sein, was der Name verspricht: Haus des Herrn."

Ich werde diesen Moment nie vergessen, als wir durch die Türen gingen und von Gläubigen begrüßt wurden, die die Gastfreundschaft und Wärme Jesu ausstrahlten. Als die vertraute Musik begann und der Raum sich mit vielen jungen Menschen füllte, die ihre Stimmen in Anbetung zu Gott erhoben, fühlten wir uns zu Hause. Ich erinnerte mich, wie ich mich fragte: Wird sich so der Himmel anfühlen? Wir sangen aus vollem Herzen, Schulter an Schulter mit unseren Brüdern und Schwestern im Glauben an denselben großen Gott. Ben und ich kannten diese Menschen noch nicht, aber wir fühlten uns mit ihnen verbunden, weil wir denselben Gott kannten.

Wir lernten viele wunderbare Menschen in dieser Gemeinde kennen, von denen manche zu langjährigen Freunden wurden. Während der dreieinhalb Jahre, die wir in dieser Gemeinschaft blieben, wurden wir inspiriert und ermutigt. Dieser Hauch von Eden der Anbetung mit Gläubigen im Ausland wurde zu einer wiederkehrenden Szene, die wir auf unseren Reisen suchten, wenn wir Gott ins Unbekannte folgten.

Das Afrika-Abenteuer

Während unserer Jahre in Deutschland reisten wir viel durch Europa. Zwischendurch bekam Ben Lust auf ein afrikanisches Abenteuer. Wieder einmal total außerhalb meiner Komfortzone. Aber ich wusste, dass ich diese Ängste überwinden sollte. Der Angst nachzugeben würde bedeuten, Gott die Gelegenheit zu verwehren, mir erneut zu zeigen, dass ich ihm vollkommen vertrauen konnte.

Wir kontaktierten Fremde, die wir online fanden: gläubige Christen in Kampala, Uganda. Sie boten uns herzlich an, uns zu beherbergen, sodass wir für ein paar Wochen in ihr Leben eintauchten. Schnell waren wir beeindruckt von ihrer Hingabe, die Schwachen und Bedürftigen zu lieben und ihnen zu dienen.

Obwohl unsere neuen Freunde nach unseren Maßstäben arm waren, horteten sie nichts für sich. Alles was sie bekamen, gaben sie an die vielen Kindern in ihrer Obhut weiter (von denen niemand mit ihnen verwandt war). Für diese Kinder bauten sie ein Waisenhaus auf.

Mit ihnen zusammen gingen wir durch die Slums und sahen Armut auf allen Seiten ... Menschen, die in Hütten lebten, mit zerlumpter, schmutziger Kleidung, die an ihren ausgemergelten Körpern hing, Müll, der in Haufen herumlag. Und doch gab es dort Freude. Kinder lachten, während sie einen mit Luft gefüllten Plastiksack hin und her warfen; andere spielten mit einem Ball aus Müll, der mit Seilen zusammengebunden war, und wieder andere Kinder riefen mit ihrem breiten Lächeln: „*Mzungu* (weiße Person), wie geht es dir?“

Unsere Freunde in Uganda zeigten uns echten Glauben. Jeder neue Tag ihres Alltags war ein unbekanntes Abenteuer. Mit ihrer Bereitschaft, für diese Kinder zu sorgen, vertrauten sie auf Gott – sie waren von ihm abhängig für ihre nächste Mahlzeit, das nächste Mietgeld und zusätzliche Mittel für die medizinischen Notfälle eines Kindes. Mit diesen Menschen zu leben, war eine Herausforderung. Die Wohnverhältnisse waren unbequem – ich wollte am ersten Morgen direkt aufgeben, als ich aufwachte und mehrere Kakerlaken an dem über meinem Gesicht hängenden Moskitonetz klebten. Am liebsten wäre ich sofort in ein komfortables, sauberes Hotelzimmer geflüchtet. Ich wollte dieser stinkenden, dreckigen Stadt entkommen und an einem weißen Sandstrand eines tropischen Paradieses liegen!

Oder wollte Gott mir zeigen, dass ein Hauch von Eden auch hier in den Slums bei den Menschen zu finden war, die ihn liebten und sich für andere einsetzten? Eine große Freude strahlte von ihnen aus, und sie waren erfüllt von Dankbarkeit und Liebe zu Gott! Ben hielt mich von meiner Fluchtidee ab, und ich beschloss, es auszuhalten und zu sehen, was an Gutem hier zu finden war.

Als unsere Zeit im Waisenhaus zu Ende ging, hatten wir das Privileg, Weihnachten mit vierzig wunderschönen ugandischen Kindern zu feiern. Sie kamen aus dem armutsgeplagten Viertel in ihren Sonntagskleidern, und ihre Augen leuchteten vor Freude beim Anblick von besonderen Leckereien wie Limonade. Begeistert sangen sie Loblieder für Jesus, den Gott, der sich erniedrigte und als Baby in einem stinkenden, schmutzigen Stall auf die Welt kam.

Dieser Jesus, den wir gemeinsam mit den vielen Kindern an diesem Weihnachtsfest anbeteten, vereinte uns alle. Ob reich oder arm, er verdiente unser Lob. Und eines Tages wird seine weltweite Kirche geeint und gereinigt vor ihm stehen – im wahren Eden. Könnte dieser Moment mit den Waisen ein Blick in den Himmel gewesen sein?

Kurzbiografie

Kirsty (41 Jahre) lebt mit ihrer Familie nördlich von Auckland, New Zealand. Sie traf ihren Mann Ben in der Grundschule, und nach ihrer Heirat und vielen gemeinsamen Reisen (einschließlich einer dreieinhalb-jährigen Auslandsphase in Deutschland), kehrten sie zurück in ihren Heimatort Red Beach, um dort ihre eigenen Kinder großzuziehen.

Neben der Geschäftigkeit mit eben diesen drei Kids arbeitet Kirsty heute in Teilzeit für den Kommunikationsbereich einer Missions-Organisation. Sie betreibt Fundraising für Entwicklungsprogramme und Gemeindegründungsprojekte in der Mongolei und Kambodscha.

Kirsty und Ben ist es ein Anliegen, den Glauben an Jesus zur zentralen Priorität ihres Familienlebens zu machen. Nach wie vor reisen sie auch gerne. Zuletzt haben sie sich eine längere Auszeit gegönnt und verbrachten zu fünft acht Monate in einem Wohnmobil auf einem Roadtrip durch Nordamerika und Mexiko.

8 VOM RAUM ZWISCHEN HIMMEL UND ERDE

Ann-Kristin Berton

Die Farbe des Himmels

Der Regen hatte aufgehört. Ich schaute aus dem Fenster des Krankenhauszimmers und bestaunte die wunderschönen Farben, die den Himmel schmückten. Noch vor wenigen Stunden war dieser Himmel einheitlich grau gewesen, und Regen hatte gegen die Scheibe geprasselt. Doch nun schien der Himmel förmlich vor Schönheit zu prahlen mit

Gelb-, Orange- und Rottönen in jeder erdenklichen Nuance. Ich blickte hinunter in meinen Schoß auf unseren winzig kleinen Sohn, liebevoll eingebettet in ein kleines weißes Körbchen. Sein Herzchen hatte viel zu früh aufgehört zu schlagen.

Dennoch erfüllte mich in diesem Moment ein übernatürlicher Frieden, eine Hoffnung wie ich sie nie zuvor gespürt habe. Es fühlte sich so an wie ein Moment zwischen Himmel und Erde, zwischen Trauer und Freude. Wie konnte ich mitten in meinem Leid einen Hauch von Eden erleben? Wie passte das zusammen?

Wie im Bilderbuch

In meinen Zwanzigern verlief mein Leben ziemlich rund. Ich war glücklich verheiratet mit meinem Traummann und umgeben von wunderbaren Menschen. Hochschwanger schloss ich erfolgreich mein Medizinstudium ab und freute mich darauf, irgendwann als Ärztin andere Frauen in der Schwangerschaft und bei der Geburt zu begleiten.

Nach einer unkomplizierten Schwangerschaft und schönen Geburt durften wir unseren ersten Sohn gesund und munter in die Arme schließen. Wir kauften uns ein nettes Reihenhaus, gerade rechtzeitig bevor die Preise und Zinsen in die Höhe schossen. Wenig später wurde unser Glück durch die Geburt unseres zweiten süßen Sohnes noch größer. Zusätzlich zum privaten Glück erlebten wir, wie wir auch in unserer Gemeinde in eine neue Position berufen wurden. Wir fühlten uns sehr geehrt, Teil des Leitungsteams werden zu dürfen und damit Gott und anderen Menschen zu dienen.

Auch wenn es immer wieder kleinere und größere Herausforderungen gab, lebte ich meinen Traum vom Leben. Es war das Leben, das ich mir immer erhofft hatte, und ich nahm

Gott als liebenden Vater und fürsorglichen Herrscher wahr, der es immer gut mit mir meinte. Mein Leben war wahrhaft ein Hauch von Eden!

Loslassen

An Ostern 2017 zog es mir dann zum ersten Mal den Boden unter den Füßen weg. Ich war mittlerweile zum dritten Mal schwanger, und am Ostersonntag bekam ich in der 15. Schwangerschaftswoche leichte Blutungen. Um kurz checken zu lassen, dass mit unserem dritten Wunschkind auch alles in Ordnung war, machte ich mich allein auf den Weg ins Krankenhaus. Doch nichts war in Ordnung! Das Herzchen unseres Sohnes hatte aufgehört zu schlagen. Ich fühlte mich, als würde ein Stück meines Herzens zerreißen.

In diesem Stadium der Schwangerschaft ist es nicht mehr möglich, eine Ausschabung durchführen zu lassen, sodass am Tag darauf bei mir die Wehen medikamentös eingeleitet wurden. Dieser Ostermontag war ein sehr trüber Tag. Ich schaute wie benebelt zum Fenster hinaus und hörte nur den Regen gegen die Scheiben prasseln – wie im Gleichtakt tropften meine Tränen auf die Bettdecke im Krankenhauszimmer. Ich war so traurig, dass unser Baby nicht leben durfte.

Am Abend war es geschafft, wir hielten unseren klitzekleinen Sohn, dessen Herz nicht mehr schlug, in den Händen. Seine Haut schimmerte rosa, alles war so klein, und doch schon perfekt angelegt. Ich bestaunte seine zehn süßen Finger und streichelte sie sanft.

Der Himmel an diesem Tag spiegelte mein Herz eigenartig wider. Zuerst war es ein trister und hoffnungsloser Tag voller Trauer, Schmerz, Wut, Unsicherheit und Angst gewesen. Doch nun am Abend, als die stille Geburt geschafft war, und die Abendsonne den Himmel wunderschön färbte, kehrten unerklärlicher Frieden und Hoffnung in mein Herz ein. Dieser Moment zwischen Himmel und Erde war so tröstend. Ich fühlte mich hoffnungsvoll, obwohl der Tod gerade so präsent war.

Den ganzen Tag über hatte ich einen Ohrwurm im Kopf, und nun am Ende des Tages berührten mich die Worte des Liedes „Zehntausend Gründe“ sehr: „Was immer auch geschehen mag, lass mich noch singen, wenn der Abend kommt.“

Es war Abend geworden, und ich konnte noch singen. Obwohl es ein so trauriger und schmerzvoller Tag gewesen war, konnte ich Gott noch loben. Ich hatte das Gefühl, dass er alles in der Hand hielt und immer da war, auch im tiefsten Tal. Ich war so überwältigt davon, wie er nach diesem tristen Tag die Wolkendecke aufriss und den Himmel in den schönsten Farben erstrahlen ließ, als wolle er mir damit zeigen, wie er Hoffnung und Freude mitten ins Leid bringen konnte.

Dies erfüllte mein Herz mit solch einem Frieden, wie ich ihn selten gespürt habe. Es war ein Stück Himmel auf Erden, ein Hauch von Eden, ein einzigartiger Moment zwischen Trauer und Freude.

Wüstenzeit

Die Wochen danach bestanden oft aus einem Wechselbad der Gefühle. Dennoch vertraute ich auf einen Gott, der mich sah und es gut mit mir meinte. Denn er war mir nah, das konnte ich spüren – auch wenn ich ihn nicht verstehen konnte. Doch meine Beziehung zu Gott sollte noch hart auf die Probe gestellt werden. Was ich damals nicht wusste: Dieses Leid der Fehlgeburten würde sich in den kommenden Jahren noch mehrfach wiederholen. Inzwischen haben mein Mann und ich sieben Kinder, die im Himmel auf uns warten. Nach dem Verlust unseres Sohnes im April 2017 waren wir noch zwei weitere Male gezwungen, ins Krankenhaus zu fahren, um Wehen einzuleiten und dann unsere Babys nur noch tot begrüßen zu können. Auch erlitt ich mehrere Fehlgeburten in einem früheren Schwangerschaftsstadium. Es waren Wüstenjahre voller Fragen und Zweifel. So viele Fragen an Gott, an meinen Körper, an unsere Ehe und auch an die Medizin.

„Gott, warum hast du uns vergessen? Warum sterben kleine Babys ohne erklärlichen Grund? Was haben wir falsch gemacht? Was ist die Erklärung für die vielen Fehlgeburten? Wie können wir verhindern, dass es erneut passiert? Warum kann mein Körper nur noch Tod hervorbringen?"

Zu unseren eigenen Fragen mischten sich noch die Fragen anderer um uns herum: „Da muss doch etwas nicht stimmen, hast du dich denn schon mal untersuchen lassen? Warum lasst ihr es nicht gut sein, ihr habt doch schon zwei tolle Jungs? Liegt da irgendeine Art Fluch auf euch? Braucht es mehr Gebet für den Schutz eurer ungeborenen Kinder?"

Wir waren ratlos, und ich versuchte mit aller Kraft Antworten zu finden. Ich ließ jede Art von Untersuchung in einer Fachklinik über mich ergehen und blieb doch ohne eine Erklärung zurück. Als der Oberarzt meinte, dass es auch Menschen gibt, die mehrfach im Lotto gewinnen, konnte ich über diesen absurden und schrecklichen Vergleich nur müde lächeln. In jeder Schwangerschaft verzichtete ich auf alles, was potenziell schädlich sein konnte und betete täglich um Schutz ... aber nichts half.

Wo war mein liebender himmlischer Vater, und wo war sein Segen? Ich glaubte doch daran, dass er der Schöpfer aller Dinge war. War er nicht mächtig genug, die kleinen Geschöpfe, die er nach und nach immer wieder in meinen Leib legte, auch am Leben zu erhalten?

Ich bin ein Mensch, der gerne alles selbst plant und kontrolliert. Der Kontrollverlust in meinen Schwangerschaften hat mich oft innerlich völlig zerrissen. Ich fühlte mich so allein, und kein Mensch konnte mir helfen.

Im Todesschatten

Als unsere Tochter im November 2018 in der 19. Schwangerschaftswoche tot geboren wurde, konnte ich nicht mehr allein aus meinem tiefen Loch herausfinden. Ich entschied mich, professionelle Hilfe von einer Psychologin in Anspruch zu nehmen, begleitend zu einer Seelsorgerin. Es kostete mich sehr viel Kraft, wieder Lebensmut und Freude zu empfinden. Die Haustür zu verlassen und Menschen zu treffen, erforderte meinen ganzen Mut. Auch wenn unsere Kirchengemeinde wie ein Zuhause für uns war, fiel es mir in dieser Zeit unheimlich schwer, die Gottesdienste zu besuchen. Ich konnte es kaum ertragen, andere Menschen davon erzählen zu hören, wie gut Gott war und wie er ihre Gebete erhört hatte. Es machte mich nicht nur traurig, es machte mich wütend.

Schließlich fuhr ich mit meinen beiden gebeutelten Söhnen, drei und fünf Jahre alt, die sich schon mehrmals auf ein Geschwisterchen gefreut hatten und nur mit einer traurigen Mutter zurückblieben, für drei Wochen in eine Kur. Hilfe anzunehmen, tat mir gut. Trotz allem Zweifeln und Hadern veränderte sich etwas in mir. Ich stand bei tosendem Wind an der Nordseeküste und schrie Gott all meine Gefühle entgegen. Ich klagte ihn fragend an und brachte ihm all meine Wut, meinen Kummer und meinen Schmerz. Gott schien davon nicht abgeschreckt zu sein. Fürsorglich und beständig blieb er mir nahe – ich konnte ihn spüren – durch den dicken Schleier meiner Trauer und Erschöpfung hindurch. Egal, ob gerade Ebbe oder Flut (an der Nordsee oder in meinem Leben) war, Gott war und ist immer derselbe. Immer wieder umgab sein Trost mein Herz. Übernatürlicher Frieden erfüllte mich. Auch wenn ich immer noch nicht aus vollem Herzen zu ihm singen konnte und mein Vertrauen sehr zerbrechlich war: Gott hielt es aus und wich nicht von meiner Seite.

Fürchte dich nicht!

Unsere Familien und unsere Freunde trugen uns mit viel Fürsorge durch diese Zeit, mit liebevollen Worten, kleinen Aufmerksamkeiten, ihren Gebeten und ihrem Glauben, wenn wir selbst nicht glauben konnten. Als ich nach einem Jahr erneut schwanger wurde, waren Vorfreude und Angst meine ständigen miteinander ringenden Begleiter. „Fürchte dich nicht", steht über sechzig Mal in der Bibel. „Fürchte dich nicht", sagte Gott auch zu mir ganz persönlich.

Und dann, inmitten des ersten Corona-Lockdowns 2020, als Verunsicherung und Furcht auf der ganzen Welt ausbrachen, wurde in einer friedlichen Nacht bei uns zu Hause unser kleines großes Wunder geboren: Ich brachte eine gesunde und wunderschöne Tochter zur Welt, und der Name, den wir ihr gaben, bedeutet „Freude" und „Wonne". Freude und Wonne brachte sie in unsere verwundeten Herzen, und mit ihr wurde ein Hauch von Eden greifbar.

Dass unsere Tochter ein großes Wunder und ein unverdientes Geschenk des Himmels war, merkten wir noch einmal deutlich, als wir in den Jahren nach ihrer Geburt zwei weitere Male versuchten, unsere Familie auf der Erde zu vergrößern, ich jedoch in beiden Fällen wieder unsere Babys verlor.

Doch auch heute noch halte ich mich fest an Gott! Er ist da, auch wenn ich ihn oft nicht spüre oder verstehe. Meine Beziehung zu ihm hat sich über all die Jahre sehr verändert und ist auch weiterhin im Wandel. Früher dachte ich, Gott ganz gut verstehen zu können, und meinte zu wissen, wie er sich in bestimmten Situationen verhalten würde. Außerdem glaubte ich, dass mein Gehorsam und meine Treue ihm gegenüber in Segen resultieren müssten. Diese Annahmen wurden auf den Kopf gestellt und ich zutiefst herausgefordert. Ich glaube, Gott ist so viel größer, als ich es mir vorstellen kann. Ich werde immer versuchen, ihn besser kennen und verstehen zu lernen. Aber gleichzeitig will ich anerkennen, dass nur er allein Gott ist, und ihm vertrauen, auch wenn es für mich nicht logisch und erklärbar ist.

So vieles läuft sowohl in meinem Freundes- und Familienkreis als auch im Weltgeschehen aus dem Ruder. So viel Leid bricht über Einzelne herein: Krebserkrankungen, Schlaganfälle, Flutkatastrophen, Todesfälle, Krieg, Depressionen, Kinder mit Behinderungen, Einsamkeit. Oft erscheint es mir zu viel, eine zu große Last für Einzelne. Und dennoch sehe ich so viele verwundete und gebeutelte Menschen mit erhobenen Händen stehen, die aus vollem Herzen singen: „Komm und lobe den Herrn, meine Seele sing, bete den König an."[1] Es gibt zehntausend Gründe ihn zu loben und die Möglichkeit, den Hauch von Eden mitten im Leid zu suchen und auch zu erfahren.

Ich glaube, vielen geht es so wie mir: Wir Menschen denken oft, dass wir einen Anspruch haben auf Segnungen und Glück, dass wir ein Anrecht auf Antworten haben. Gleichzeitig erleben wir, dass Leid und Verlust unwillkürlich zum Leben jenseits des Himmels dazugehören. Was wir hier auf Erden wirklich brauchen, ist ein Beistand! Jemand, der größer ist als unser Blick aufs Leben. Einer, der uns zeigt, dass das wahre Glück in der Verbundenheit zu **ihm** liegt und deshalb kein Umstand uns die Freude, den Frieden und die Dankbarkeit rauben muss.

Kurzbiografie

Ann-Kristin (Jg. 1987) lebt gemeinsam mit ihrem Mann und ihren drei Kindern in der Nähe von Mannheim. Als Ehepaar arbeiten sie inzwischen gemeinsam als Ärzte in einer Hausarztpraxis und sind in einer evangelischen Freikirche in Mannheim zu Hause.

Ann-Kristin, die meist Krissy genannt wird, liebt gutes Essen, kreative Projekte, tiefe Gespräche und Kindergeburtstage.

Ihre Sehnsucht nach Eden wurde mit jeder weiteren Fehlgeburt größer, und dennoch glaubt sie daran, dass wir auch hier auf Erden immer wieder einen Hauch von Eden erleben dürfen.

9 Von Schönheit in Trümmern

Janet Müller

Die Flut und die Welle der Solidarität

Wenn ich an das Wort „Eden“ denke, erscheint mir im ersten Moment ein Bild von Harmonie und Ruhe. Doch wie lässt sich die Vorstellung von Eden inmitten von Zerstörung und Chaos erfahren? Ich versuche, diese Frage im Hinblick auf meine Zeit im Ahrtal vor einigen Jahren zu beleuchten, als ich Teil eines Teams war, das dort nach der verheerenden

Flutkatastrophe seine Hilfe anbot. Was wir dort erlebten, war erschütternd, tief bewegend, aber auch voller Hoffnung, gepaart mit unerwarteten außergewöhnlichen Momenten, in denen wir einen Hauch von Eden spürten.

Im Sommer 2021 verwüstete eine der schlimmsten Flutkatastrophen der letzten Jahrzehnte das Ahrtal. Das Leben vieler Menschen änderte sich schlagartig. Innerhalb von nur wenigen Stunden verwandelte sich ein friedlicher Fluss in einen reißenden Strom, der Häuser, Straßen und ganze Existenzen mit sich riss. Was ich später mit eigenen Augen sehen würde, überstieg alles, was ich mir bis dahin hätte vorstellen können.

Die verheerenden Bilder der Zerstörung gingen durch die Medien, und Menschen erlebten unfassbare Verluste. Leben wurden zerstört – manche Menschen verloren ihr Zuhause, andere ihr eigenes Leben. Nachbarn, geliebte Familienmitglieder oder Freunde wurden von der Flut mitgerissen. Für viele Anwohner bedeutete diese Katastrophe also nicht nur materiellen Verlust, sondern einen viel tiefer liegenden Schmerz.

Und doch gab es inmitten dieses Schreckens die Momente, die ich niemals vergessen werde. Sie zeigten mir, dass Eden manchmal dort gefunden werden kann, wo wir es am wenigsten erwarten würden. Trotz des allgegenwärtigen Schmerzes begann nach der ersten Schockwelle eine unerwartete Bewegung der Hoffnung.

Die Flut hatte in Deutschland eine Welle der Solidarität entfacht, sodass bei uns im Freundeskreis ebenfalls der Tatendrang aufkam, helfen zu wollen. Wir stellten ein Video auf YouTube online, um unsere Community zu fragen, ob sie ein Teil dieser spontanen Hilfsaktion werden wollte.

Dabei gab es verschiedene Hilfsorganisationen und zahlreiche Menschen, die uns bei der Organisation unter die Arme griffen. Ein Zeltplatz wurde von einem lokalen Landwirt im

Ahrtal organisiert. Und viele Werkzeuge, die wir zum Aufräumen benutzen konnten, wurden von unserem Baumarkt des Vertrauens zur Verfügung gestellt. Im Gegensatz zu vergleichbaren Hilfsaktionen, welche normalerweise mit einigen Monaten Vorlauf geplant werden, hatten wir bei dieser Aktion nur wenige Tage Zeit. Wir beteten für offene Türen, und es fügten sich viele Dinge zusammen. Beispielsweise gab es einen Transporter voller Hilfsgüter, den eine Gemeinde bereits verpackt hatte, obwohl es bis dato niemanden gab, der diesen ins Ahrtal hätte fahren können. Die Hilfsgüter wurden nun uns mitgegeben. Wir lernten zudem Menschen kennen, die Kontakte zu verschiedenen Hilfsorganisationen hatten, und eine hilfreiche Situation reihte sich an die nächste.

Nachdem das YouTube-Video mit dem Aufruf online gegangen war, folgten binnen weniger Tage insgesamt ganze 800 Menschen aus allen Ecken Deutschlands, Österreichs und der Schweiz unserer Einladung ins Ahrtal. Es war überwältigend, wie schnell die Bereitschaft da war, zu Hause alles stehen und liegen zu lassen und sich auf den Weg zu machen. Alle wollten Menschen helfen, die sie nicht einmal persönlich kannten. So kam es dazu, dass wir als Freundeskreis uns am 25. Juli 2021 in Ahrweiler zusammenfanden und abends unser Lager dort aufschlugen. Die Anreise der vielen Helfer begann ebenfalls an diesem Abend.

Ich erinnere mich noch gut an den allerersten Tag. Die Zerstörung, die uns dort begegnete, war unbeschreiblich – Häuser, die eingestürzt und von oben bis unten mit Schlamm bedeckt waren. Wassermassen hatten das Hab und Gut vieler Bewohner vernichtet und fortgerissen. Als wir durch die Straßen gingen, sahen wir zerstörte Schaufenster und umgedrehte Autos. Überall endloses Chaos. Auf den Straßen trafen wir kaum Menschen an. Niemand von uns wusste so recht, wo wir hier überhaupt anfangen konnten zu helfen. Aber wir waren bereit, und irgendwo würden wir anfangen.

Engel in Orange

Mit unseren Hunderten an Helfern, die alle orangefarbene Shirts trugen, fuhren wir also drei Tage hintereinander ins Ahrtal. In manchen Gegenden hatten die Einwohner teilweise seit der Katastrophe noch keinen Kontakt zu anderen Menschen gehabt. Die Geschichten, die uns von den Betroffenen erzählt wurden, waren herzzerreißend.

Und doch – zwischen der Überforderung und dem Verlust fand ich mich oft in Momenten wieder, die mich tief berührten und innehalten ließen. Vor allem waren es die kleinen Begegnungen, die Gesten der Menschlichkeit, der Dankbarkeit und des Zusammenhalts.

Ich fragte mich, wie diese Menschen es schafften, nach all dem Leid noch so viel Dankbarkeit und Lebensmut zu zeigen. Aber vielleicht war es genau das: die Fähigkeit, im Angesicht von einer Katastrophe festzuhalten an dem, was wirklich zählt – Zusammenhalt, Mitgefühl und die Hoffnung, dass es besser wird.

Eine bewegende Begegnung hatten wir mit einem älteren Herrn namens Philipp, einem Anwohner, dessen Haus schwer beschädigt worden war. Seine Hoffnung und sein Lebensmut trotz der Katastrophe waren fast unbegreiflich. „Das Wichtigste ist", sagte er, „dass wir noch leben. Alles andere können wir wiederaufbauen." Diese Worte ließen mich innehalten. Was für eine beeindruckende Perspektive.

Die körperliche Arbeit in diesen Tagen war extrem anstrengend, erschöpfend und schmutzig. Jeden Morgen wurden wir in Gruppen von etwa dreißig Leuten pro Team eingeteilt, um systematisch die Häuser von Schlamm zu befreien. Einige von uns reinigten Keller, andere halfen dabei, Möbel und Erinnerungsstücke zu retten, die noch nicht komplett zerstört waren. Was mich dabei immer wieder erstaunt hat, war die Energie, die durch das gemeinsame Arbeiten entstand.

Schlamm schippen, Keller leerräumen, Trümmer wegräumen – das alles zog sich über Stunden, und doch fühlte ich mich lebendig. Ich erinnere mich an einen Moment, als wir alle in einer langen Menschenkette standen, um Schutt in Eimern aus einem zerstörten Haus zu transportieren. Hand in Hand arbeiteten wir, gaben Eimer weiter, und obwohl die Arbeit endlos erschien, machten wir Stück für Stück Fortschritte. Wir waren still, jeder konzentrierte sich auf die Arbeit, doch in dieser Stille lag enorme Kraft. Wir waren Fremde untereinander und doch ein Team, eine Einheit, die ein Ziel verfolgte. Zusammen konnten wir Großes bewältigen. In mir machte sich das Gefühl von Zusammenhalt breit, das hochkommt, wenn Menschen sich gegenseitig stützen. Sich stützen, für andere da sein, ein Team sein – das hatte für mich etwas von Eden inmitten der Trümmer. Eine Qualität an Gemeinschaft, wie sie von Gott für uns Menschen ursprünglich erdacht wurde.

Ein weiterer Moment, der mir besonders im Gedächtnis blieb, war eine Begegnung mit einer älteren Frau an einem der vielen zerstörten Häuser. Mit einer kleinen Gruppe von fünf Personen klingelten wir an ihrem Haus – bekleidet natürlich wie immer mit unseren orangefarbenen Helfer-Shirts. Eine zierliche ältere Dame öffnete uns die Tür und hörte sich an, warum wir gekommen waren. Mit Tränen in den Augen sagte sie leise: „Ihr seid meine Engel in Orange, Gott muss euch geschickt haben. Ihr könnt nicht begreifen, wie sehr ich gerade Hilfe benötige.“ Ich war sprachlos. Ihre Worte trafen mich mitten ins Herz. Wir, mit unseren dreckverschmierten Gesichtern in orangefarbener Kleidung, Gummistiefeln und von oben bis unten mit Schlamm bedeckt, waren für sie Engel? Es war ein Moment, der mich zutiefst bewegte. Für sie war unsere Anwesenheit mehr als nur Hilfe – es war ein Zeichen dafür, dass sie nicht allein war. Und für uns, für mich, war es eine Erinnerung daran, wie kraftvoll menschliche

Verbindung gerade in Zeiten der Not sein kann. In diesen Momenten fühlte ich so deutlich wie nie zuvor, dass wir mehr waren als nur Helfer – wir waren ein Werkzeug in Gottes Plan, ein kleiner Lichtstrahl inmitten der Dunkelheit.

Es waren körperlich und emotional harte Tage, doch gleichzeitig spürte ich Gottes Kraft. Ein Lächeln, ein dankbarer Blick, eine Umarmung von Menschen, die wir vor nur wenigen Augenblicken noch nie gesehen hatten. Das alles war für mich wie ein Hauch von Eden – etwas Reines, Pures und Göttliches lag darin.

Mitgefühl für die innere Verwüstung

Eine weitere bewegende Begegnung ereignete sich am letzten Tag unseres Einsatzes. Wir kamen zu einem Haus, welches nach außen hin sehr intakt aussah. Als wir dennoch an der Tür klopften, um Hilfe anzubieten, öffnete eine junge Frau vorsichtig die Tür, etwas zögerlich, fast ängstlich. Ihre Augen musterten uns skeptisch – fremde Menschen, die plötzlich vor ihr standen und anboten, ihr zu helfen. „Ich weiß nicht genau, was Sie hier wollen“, sagte sie mit einer leisen, aber entschlossenen Stimme. Ihr Blick wanderte zurückhaltend von einem zum anderen. Wir konnten ihre Skepsis gut verstehen.

Schließlich öffnete sie die Tür ein Stück weiter und trat vor die Haustür nach draußen. Im Gegensatz zu vorherigen Einsätzen war es dieses Mal keine praktische Hilfe, die hier benötigt wurde. Langsam begann die junge Frau zu sprechen, und ihre Geschichte brach uns das Herz. Sie erzählte von dem Sturm, der auch ihr Leben über Nacht verändert hatte. Er hatte zwar ihr Haus verschont, doch was die Frau vor uns am meisten quälte, war die Erinnerung an ein bestimmtes Telefonat.

Einer ihrer engsten Verwandten hatte sich auf das Dach seines eigenen Hauses gerettet, als die Flutwellen alles um ihn herum verschlangen. Das Wasser war inzwischen so hoch, dass es die unteren Stockwerke vollständig unter Wasser gesetzt hatte. Sie hörte seine Stimme, und wie er versuchte ruhig zu bleiben, während er gegen die Gewalten der Strömung kämpfte. Sie konnte hören, wie das ganze Haus schließlich wie ein Spielzeug von den Wassermassen losgerissen und fortgetrieben wurde und wie er dabei hilflos auf dem Dach saß. Plötzlich brach der Kontakt ab. Sie hatte nichts mehr von ihm gehört.

Die Augen der jungen Frau füllten sich mit Tränen, als sie uns diese Geschichte mit zittriger Stimme erzählte. Die Ungewissheit und der Schmerz darüber, was mit ihrem geliebten Verwandten geschehen war, lasteten schwer auf ihr.

Wir waren überwältigt von der Schwere des Geschilderten. Was sollten wir ihr sagen? Wir konnten nichts tun, um ihren Schmerz zu lindern. Das Einzige, was wir dieser Frau geben konnten, war unser Zuhören und unsere Anteilnahme. Ich trat einen Schritt auf die Frau zu und umarmte sie. „Ich wünsche Ihnen so viel Kraft“, sagte ich. Sie weinte leise weiter und flüsterte: „Danke.“

Ein anderer Blickwinkel auf Eden

Das Ahrtal war für mich ein Ort der Extreme – zerstörte Existenzen und Schmerz trafen auf unglaublichen menschlichen Zusammenhalt, Stärke und Liebe. Am Ende dieser Tage war ich körperlich erschöpft, aber mein Herz war voll.

Eden hat für mich in diesen Tagen eine neue Bedeutung bekommen. Eden ist eben nicht der perfekte Ort, an dem alles stimmt. Es ist nicht das Leben ohne Sorgen, sondern vielmehr das Bewusstsein, dass auch im größten Chaos

Momente der Verbundenheit und Hoffnung entstehen können.

Die Dankbarkeit der Anwohner war für uns Helfer überwältigend, aber es war auch die Dankbarkeit untereinander, die uns trug. Wir lernten voneinander, weinten zusammen, lachten zusammen, sangen am Abend Lobpreislieder am Lagerfeuer. Manchmal saßen wir auch einfach nur da, schweigend und überwältigt von dem, was wir erlebt hatten. Wir spürten ganz deutlich: Hier war ein Hauch von Eden Wirklichkeit geworden.

Kurzbiografie

Janet (28 Jahre), ist Umweltingenieurin, promoviert gerade und arbeitet an einer Hochschule in Wiesbaden als wissenschaftliche Mitarbeiterin.

Seit Anfang 2018 ist sie Teil des YouTube-Kanals „The Real Life Guys". Der Freundeskreis, dem auch Philipp Mickenbecker angehörte, möchte Menschen motivieren, rauszugehen ins reale Leben, weg vom Bildschirm, und gemeinsam mit Freunden und in echter Gemeinschaft Abenteuer zu erleben. Janet selbst hat große Freude daran, verrückte Dinge zu bauen, kreativ zu sein und mit Freunden auf Roadtrips und Reisen zu gehen.

Über die Jahre – und erst recht durch Philipps Krebserkrankung und Tod – ist es den Real Life Guys zudem auch wichtig geworden, nicht nur Highlights des Lebens auf Social Media zu teilen, sondern auch schwere Momente zu zeigen, die nun mal zum echten Leben jedes Einzelnen dazugehören. Viele krasse Lebensgeschichten von Menschen, die der Freundeskreis um die Real Life Guys interviewt, sind außerdem auf dem Life Lion YouTube-Kanal zu sehen.

10 VOM VERÄNDERTEN KÖRPERGEFÜHL

Anna Liebler

Mein Körper – mein Freund

Hätte man mir im Alter von zwanzig vorhergesagt, welch einen gütigen Blick ich als über Vierzigjährige einmal auf meinen Körper haben würde – ich hätte es nicht geglaubt. Nicht nur, dass ich meinen Körper und seine Bedürfnisse viel deutlicher wahrnehme. Tatsächlich weiß ich auch viel mehr über all die komplexen Abläufe und Zusammenhänge, die in ihm stattfinden. Unabhängig davon, dass ich mehr Schlaf und Ruhephasen brauche, hat sich aber eine Sache mit dem Reifeprozess der letzten beiden Jahrzehnte ganz deutlich verändert: Mein Körper ist mein Freund geworden! Dass ich ihn mittlerweile mag und ihm tatsächlich auch Vertrauen entgegenbringe, spiegelt für mich wider, wie es ursprünglich gedacht war – im Garten Eden.

Als ich in der Schwangerschaft mit unserem Sohn während des Ultraschalls zum ersten Mal das kleine Herzchen schlagen sah, überkam mich die Erkenntnis: Mein Körper ist wie ein Garten Eden für dieses Baby. Mein Bauch, mein Körper durfte der Garten sein, in dem dieses neu eingehauchte Leben sich entfaltete und aufblühte. Spätestens seitdem glaube ich ganz fest: Wir sollten unseren Körper respektieren, ihn ehren und ihn in einer gesunden Art und Weise lieben. Kippt die Beziehung zu unserem Körper als die anfassbare Dimension unseres Selbst – das Pendant zu Seele und Geist –, dann geraten auch diese anderen beiden Komponenten in Schieflage. So habe ich es zumindest erlebt, und so habe ich es über Jahre hinweg bei vielen Freundinnen und Frauen beobachtet.

Was für ein großer Raub da immer und immer wieder stattfindet: Aus so vielen verschiedenen Gründen kommen uns Frauen oft schon sehr früh die Wertschätzung und die Liebe zu unserem eigenen Körper abhanden. Manchmal wird sie uns durch tragische Umstände gestohlen, manchmal versickert sie einfach in einer Wüste von Selbstzweifel, Unsicherheit und Furcht. So häufig gerät sie gefangen in der Falle des Vergleichens. Und immer wieder entwickelt sich die Wertschätzung für unseren Körper nicht mal ausreichend, weil Einzelheiten an unserem Körper von Grund auf anders sind oder uns einfach nicht gefallen und wir den Eindruck haben, wir sind nicht vollständig, nicht ausreichend.

Unsere Seele und unser Geist sind vielleicht in gleicher Weise unterentwickelt, aber unser Körper, den muss eine jede von uns offen zur Schau tragen, ob wir wollen oder nicht.

Vom Jo-Jo-Effekt und dem Versuch ins Gleichgewicht zu kommen

Für mich ist es ein Geschenk: Habe ich früher ständig versucht, meinen Körper zu verstecken, möchte ich ihn heute selbstbewusst unterstreichen. Verspürte ich früher vor allem Scham, bin ich heute gefüllt mit Stolz und Dankbarkeit, wenn ich an ihn denke und ihn sehe.

In meinen Teenager- und Jugendjahren kämpfte ich kontinuierlich und frustriert gegen mein Gewicht an, war auf Kriegsfuß mit meiner Haut und war es so leid, im direkten Vergleich mit anderen immer eher schlecht abzuschneiden. Immerhin wusste ich, dass ich ein hübsches Lächeln und eine tolle Ausstrahlung hatte. Spätestens als ich von einer Freundin in Los Angeles, die in der Beauty-Branche tätig war, versichert bekam, dass ich sehr wohl als Oversize-Model arbeiten könnte, fing ich an, etwas versöhnlicher auf meinen Körper zu blicken. Aber würde ich diese zusätzlichen Pfunde denn nie loswerden? Würde der Moment, in dem ich Woche für Woche auf die Waage stieg, mein Leben lang immer Frust in mir auslösen?

Ich setzte mich mit so vielen verschiedenen Ernährungsstrategien und Diäten auseinander, dass ich sie schon gar nicht mehr zählen kann. Immer wieder konnte ich zwar Gewicht reduzieren, legte danach aber immer wieder zu. Ein Jo-Jo-Effekt über Jahre, obwohl ich zunehmend auf ausgewogene Ernährung, Bewegung und Sport achtete.

Zu all dem wurde das PCO-Syndrom bei mir diagnostiziert. Das Polycystische Ovarialsyndrom ist mit fünf bis zehn Prozent die häufigste Hormonstörung bei Frauen im gebärfähigen Alter, und natürlich hatte es mich getroffen! Würde ich jemals unkompliziert schwanger werden können? Ich bekam Ratschläge von Ärzten und Heilpraktikerinnen, nahm Progesteron, um meinen Zyklus in ein Gleichgewicht zu bekommen, aber in all den Jahren schien mir mein Körper einfach nur leidlich. Alles rund um mein Körpergefühl fühlte sich schwer, kompliziert und anstrengend an! Als ich Mitte/Ende zwanzig war, heirateten allmählich alle meine engsten Vertrauten. Ich war immer noch Single, konnte mich aber trotzdem von Herzen mit meinen Freundinnen freuen! Ich entschied mich einfach dazu, ihnen ihr Glück zu gönnen und daran zu glauben, dass zum richtigen Zeitpunkt der richtige Mann auch in mein Leben treten würde. Aber wie würde sein Blick auf meinen Körper sein?

Verunsicherung und Unbehagen begleiteten diese Gedanken, und ich merkte, dass ich nach all den Jahren – auch wenn ich mit meinem Gewicht eigentlich zufriedener geworden war und mich relativ fit fühlte – immer noch kein entspanntes Verhältnis zu meinem Körper hatte. Ich traute ihm nicht viel zu, ich war nicht stolz auf ihn, ich tolerierte ihn mehr, als dass ich ihn respektierte. Nicht nur einmal während meiner Jahre als Single war ich Trauzeugin, und nach und nach wurde aus der Rolle der Trauzeugin die Rolle der Patentante. Eine Freundin nach der anderen wurde Mama, und ich war dankbar, sie dabei eng begleiten zu dürfen.

Ich liebe Babys, und man sagt mir eine beruhigende Wirkung auf Kinder nach. Einen kleinen Schatz nach dem anderen schaukelte ich in meinen Armen und hörte den Berichten meiner Freundinnen über Schwangerschaft und Geburt zu. Wie würde mein Körper wohl auf eine Schwangerschaft reagieren, sollte ich eines Tages Mutter werden? War es mit all den Hochs und Tiefs in Bezug auf meinen Körper vielleicht besser, nie schwanger zu werden? Mir war bewusst, dass Frauen mit PCO-Syndrom dem erhöhten Risiko von Eileiterschwangerschaften ausgesetzt waren.

Ein herber Rückschlag

Mit dreiunddreißig heiratete ich schließlich meinen Mann. Alex und ich lernten uns auf der Party eines gemeinsamen Freundes kennen und entdeckten schnell viele Gemeinsamkeiten. Wir beide wünschten uns Kinder, und mit all der vielen Babysitter-Erfahrung, die wir über die folgenden Jahre mit Neffen und Nichten und Kindern von Freunden erlangten, fühlten wir uns gar nicht so schlecht vorbereitet. Aber dann zog es sich doch noch etwas hin. Erst sechs Jahre später, im Sommer 2021, wurde das Thema Familienplanung ganz konkret – langsam tickte bei mir schließlich auch die biologische Uhr. Im kommenden Frühjahr stand mein vierzigster Geburtstag an. Und dann, just in diesem Sommer, wurden plötzlich eine große Zyste und verschiedene Knoten an meiner Schilddrüse entdeckt.

Ich empfand es erst mal wie einen Hieb ins Gesicht, und auch wenn – Gott sei Dank – die Diagnose Krebs ziemlich zügig ausgeschlossen werden konnte, legten wir auf Anraten der Ärzte unseren Kinderwunsch wieder auf Eis. Ein paar Wochen darauf wurde in einer OP meine komplette Schilddrüse entfernt, und es war klar, dass ich hormonell erst einmal mit Medikamenten eingestellt werden musste. Diese ganze Prozedur raubte mir viel Kraft und brachte den Blick auf meinen Körper wieder ins Ungleichgewicht.

Warum konnten Dinge nicht einfach mal entspannt und unkompliziert laufen? Ich hatte mir erträumt und erhofft, in diesem Sommer endlich schwanger zu werden. Vielleicht sollte es doch nicht sein? Ich spürte, wie wieder Unsicherheit, Zweifel und Unmut in mir aufstiegen. Wozu war mein

Körper überhaupt fähig? Ständig das Auf und Ab mit dem Gewicht, das leidige PCO-Syndrom, das seinen Schatten warf, und jetzt auch noch all die Medikamente und Hormone, um nach der Entfernung der Schilddrüse wieder in die Spur zu kommen. Das Vertrauen, dass mein Körper auch mal zu etwas Gutem in der Lage war, schwand.

Fast gab ich den Traum für immer auf, eines Tages noch Mutter zu werden. Würde mein Körper das überhaupt schaffen? Die kräftezehrenden Monate verstrichen. Zum vierzigsten Geburtstag schenkte mir meine Familie einen Flug nach Hawaii, da sie wussten, dass ich schon immer davon geträumt hatte, diesen runden Geburtstag unter Palmen zu feiern. Im kalten deutschen Februar dem Grau zu entfliehen und auf den Hawaiianischen Inseln ausgiebig Vitamin D zu tanken, war genau das Richtige nach dem, was hinter mir lag. Ich versuchte die letzte Zeit zu reflektieren, Erwartungen und Hoffnungen loszulassen und mich zusammen mit meinem Mann neu darauf zu besinnen, was uns wichtig war und in welchen Bereichen wir mit Kompromissen leben konnten.

Durchatmen

Je öfter wir am Strand spazieren gingen, mit MaiTai-Cocktails auf das anstießen, was uns schon geschenkt war und wofür wir dankbar waren, und die Zeit mit unseren Freunden dort vor Ort genossen, desto mehr kehrte die Leichtigkeit in meine Seele zurück. Die Sonne auf der Haut tat mir so gut und drang vor bis in mein Inneres. Auf einer Whalewatching-Tour sahen wir eine Buckelwalmutter mit ihrem Jungen. Als ich diesen besonderen Moment auf mich wirken ließ, realisierte ich, dass es in mir nach wie vor diesen großen Wunsch gab, eines Tages doch noch Mama zu werden. Aber ich betete, dass es unkompliziert passieren würde ... ohne Stress, ohne Verkrampfung und nur, wenn es für uns bestimmt war. Und ich brauchte Vertrauen, dass mein Körper bereit und fähig sein würde, ein Kind auszutragen.

Ein paar Monate später passierte dann das, was ich fast nicht mehr für möglich gehalten hatte. Wir hatten es neu darauf ankommen lassen, schwanger zu werden, und es klappte direkt und völlig entspannt! Fast traf es uns ein bisschen unvorbereitet – wir hatten wirklich nicht damit gerechnet, dass ich so unmittelbar schwanger werden würde. Wir würden also tatsächlich Eltern werden! Vierzig Wochen Aufregung lagen vor uns, und wir waren überglücklich!

Mein Körper als Garten Eden

Wir hatten schon so viele Schwangerschaften von Freunden und innerhalb der Familie mitbekommen und wussten daher, dass es in den ersten Wochen immer auch ein gewisses Risiko gab. Nach wie vor hoffte ich, dass das PCO-Syndrom keinen Effekt auf meine Schwangerschaft haben würde. Doch alles verlief gut, und ich entspannte mich zunehmend. Mit jeder voranschreitenden Schwangerschaftswoche, und vor allem mit jedem Ultraschalltermin, wurde mir bewusst, was mein Körper da leistete und was es bedeutete, in meinem Bauch einem Kind das perfekte Umfeld zu geben, um heranwachsen zu können! Ein kleiner Mensch entwickelte sich in mir, und Woche für Woche formte er sich in noch größerem Detail aus. Meine Gebärmutter bot die Schutzhülle, in der dieses Leben heranreifen konnte und mit allem versorgt wurde, was es brauchte.

Immer wieder spürte ich einen Hauch von Eden, wenn ich auf dem Ultraschallbild das Köpfchen, die einzelnen Gliedmaßen und die Bewegungen unseres Babys sah. Ich war einfach überwältigt davon, dass das in meinem Körper möglich war. Die Wochen der Schwangerschaft etablierten in mir Stolz, Würde, Selbstsicherheit und Zuversicht wie nie zuvor. Mein Körper war fähig, das Leben eines kleinen Wesens zu schützen und zu versorgen! Wie im Garten Eden hatte mein Baby in mir alles, was es zum Leben brauchte. Es ging ihm gut, es ging mir in der gesamten Schwangerschaft gut, und ich konnte die Monate sehr genießen. Ich weiß, dass es viele Frauen gibt, die es sich wünschen, Mutter zu werden, und denen die Erfüllung dieses Wunsches verwehrt bleibt.

Ich möchte daher auf keinen Fall sagen, dass erst eine Schwangerschaft einer Frau Stolz und Würde für ihren Körper verleiht. Im Gegenteil, ich glaube, dass es viele Dinge gibt, die die Macht haben, die zerrüttete Beziehung von uns Frauen zu unserem Körper zu heilen. Gleichzeitig möchte ich jedoch auch anerkennen, dass in meiner Geschichte die Schwangerschaft der Auslöser war, endlich Frieden mit meinem Körper zu schließen. Und das, obwohl ich in die Breite ging und mein Körper nun noch „unperfekter" wurde, als er vorher schon war.

Zutrauen in unseren Körper

Wir dürfen unserem Körper das Zutrauen entgegenbringen, dass er so etwas Verrücktes wie eine Schwangerschaft packt, und dann beobachten, wie er all sein Potenzial entfaltet und ungeahnte Kräfte entwickelt. Das bedeutet nicht, dass eine Schwangerschaft, die Geburt und die Zeit danach perfekt laufen werden. Die Geburt unseres Sohnes verlief weitaus komplizierter als erhofft. Im Endeffekt musste ich mich damit abfinden, dass ich es mir ganz anders gewünscht hatte. Und doch hat mein Körper diesen massiven Schritt und dieses komplexe und furchteinflößende Unterfangen bewältigt.

Ich empfinde großen Respekt für das, was mein Körper geleistet hat! Auch das Stillen war bei mir ein Thema, das ich mir anders gewünscht hätte. Nachdem ich mich wochenlang bemüht und alles versucht hatte, entschied ich mich schließlich dafür, unserem Sohn nur noch Babynahrung per Flasche zu geben. Mein Körper hat jedoch alles gegeben, und ich habe Frieden damit geschlossen, dass es anders lief als erhofft. Egal, ob Kaiserschnitt, natürliche Geburt, Stillbaby oder Flaschenkind, postnatale Depression oder mit dem Baby auf Wolke sieben. Der Körper einer Frau ist zu absolut Erstaunlichem fähig und verdient Liebe, Wertschätzung und Anerkennung. Von uns selbst und von anderen.

Kurzbiografie

Anna (Jg. 1982) entdeckt gerade die Welt neu durch die Augen ihres kleinen Sohnes (geboren 2023). Sie ist verheiratet und lebt mit ihren Lieblingsmenschen in ihrer Heimat an der hessischen Bergstraße.

Am liebsten verbringt sie Zeit mit ihrer Großfamilie und lieben Freunden, die sie gerne mit ihrer Gastfreundschaft verwöhnt. Sie liebt den Sommer, den Strand, die Natur, das Reisen und mag es, Neues kennenzulernen. Ihre Kreativität lebt sie gerne aus, indem sie Kuchen und Torten backt, Taschen bestickt und andere Basteleien herstellt.

11 VOM FINDEN DER STILLE IN MIR

Birgit Siefert

Familienfrau durch und durch

Ich heiße Birgit, und müsste ich mich selbst beschreiben, würde ich vermutlich sagen: Ich bin von ganzem Herzen Familienfrau.

Besonders die Zeit zwischen meinem 40. und 50. Lebensjahr habe ich meinen drei Söhnen und der Mitarbeit in einer lokalen Gemeinde mit familiärem Umfeld gewidmet. Diese

Zeit war geprägt von viel Kümmern: um meine Eltern, meine Geschwister, meine Kinder, um junge Frauen in meiner Gemeinde. Mein Mann war zu dieser Zeit beruflich oft unterwegs, sodass ich vieles allein bewältigen musste.

Meine eigenen Bedürfnisse habe ich in dieser Zeit immer weniger gespürt und ihnen auch keinen Raum gegeben. Ich wurde so sehr von anderen gebraucht, dass ich meine Anerkennung ausschließlich daraus zog, für andere da zu sein. Nach außen war ich die Starke, doch tief in mir drin war alles leer.

Der Paukenschlag

Kurz nach meinem 50. Geburtstag kam der Paukenschlag. Bei einer Vorsorgeuntersuchung wurde bei mir ein Knoten in der linken Brust festgestellt. Nach bangen Tagen der Ungewissheit war dann die Diagnose klar: Brustkrebs!

Nachdem ich dreimal operiert worden war und danach zur Nachbehandlung in die Klinik musste, lernte ich dort eine Psychoonkologin kennen. Die Gespräche mit ihr rüttelten mich auf, und die Fassade der starken Frau bekam immer mehr kleine Risse. Ein Prozess setzte ein, der mich die nächsten zehn Jahre begleiten sollte. Mein bisheriges starres Glaubensbild geriet ins Wanken: Warum heilte Gott mich nicht, hatte ich etwas übersehen? Ich hatte doch meine Pflicht als Christin getan und viel Leistung in der Familie und der Gemeinde gebracht! Warum war das jetzt die Konsequenz? Allmählich erkannte ich, dass die Leistungsorientierung meines Vaters auch zu meinem Leistungsdenken in Bezug auf Gott geführt hatte.

Genau drei Monate nach meiner Erkrankung erlitt mein Mann am Flughafen von Tokio einen Herzinfarkt mit Herzstillstand. Die Chance, solch einen Infarkt zu überleben, lag laut Ärzten bei acht Prozent. Mein Mann überlebte.

Es war ein weiteres großes Ausrufungszeichen in meinem Leben. Doch auch hier starteten wieder meine alten Muster. Obwohl ich selbst gerade eine Strahlentherapie durchführen musste, nahm ich mich zurück und konzentrierte mich ausschließlich auf die Genesung meines Mannes.

Ein Jahr später erkrankte mein Vater an einem Hirntumor. Ich kümmerte mich um meine Eltern, wobei viel Zeit und Emotionen „verloren" gingen. Erneut stellte ich meine eigenen Bedürfnisse hinten an. Mittlerweile wusste ich auch gar nicht mehr, was ich eigentlich brauchte. Zunehmend entwickelte ich eine leichte Depression: Es fiel mir schwer, morgens aufzustehen, und meine ganze Grundstimmung war traurig und erschöpft.

Die Psychoonkologin aus der Klinik, die mich in größeren zeitlichen Abständen immer noch begleitete, empfahl mir immer wieder, mir eine Auszeit zu gönnen und mich einmal mit Ignatianischen Exerzitien zu beschäftigen. Am besten können sie mit geistlichen Übungen umschrieben werden, die Ignatius von Loyola von 1522–1524 anderen zugänglich machte. Als ich ein Buch darüber las, bekam ich eine große Sehnsucht nach Stille und einer tiefen Geborgenheit in Gott, wie sie dort beschrieben wurden. Ich hatte bis dahin keinerlei Kontakt zur katholischen Kirche und stand ihr auch sehr kritisch gegenüber. Durch meinen freikirchlichen Hintergrund hatte ich eine festgelegte Meinung, vor allem zu den katholischen Kirchenritualen. Trotzdem ließ mich der Gedanke nicht los, dass ich mich darauf einlassen sollte, und fand schließlich einen Ort, welcher diese Exerzitien anbot.

Begegnung mit mir

Anfang Februar 2017 war es so weit. Ich fuhr mit großer Vorfreude, aber auch mit großen Ängsten in den Frankenwald. Zehn Tage Stille, zehn Tage kein Buch, kein Handy, keinerlei Ablenkung von außen. Nur Gott und ich.

Umrahmt waren die Tage von festen, immer wiederkehrenden Ritualen und der Absprache, sich nicht durch Lesen oder der Kommunikation untereinander abzulenken. Sitzen in der Stille, Gebete zu festen Tageszeiten, meditative Hausarbeiten, Malerei und viele Spaziergänge in der wunderschönen Natur waren für diese Zeit vorgesehen.

In den ersten Tagen war es unglaublich schwierig, die Stille auszuhalten. Große Unruhe machte sich in mir breit, und langsam krochen unangenehme Gefühle hoch: Trauer, Verlorenheit, Zorn. Zum ersten Mal konnte ich nicht vor mir selbst weglaufen. Mein Körper wurde von lang angestauter Wut durchströmt, und es entstand eine kraftvolle Energie, wie ich sie noch nie gespürt hatte. Ausgelöst durch die Stille kamen all die Sätze hoch, die mich die letzten Jahre stets begleitet hatten: „Eine gute Christin ist nicht wütend. Wut darf nicht sein, sei sanftmütig und demütig."

In der Stille konnte ich diesen klobigen Klumpen Wut, der sich in meinem Bauch breitmachte, nicht mehr wegdrücken oder ignorieren. Ich spürte Wut über das dysfunktionale System meiner Herkunftsfamilie, unsere ungesunden Abhängigkeiten und die gesundheitlichen Folgen, die das für uns alle hatte. Diese geballte Emotion konnte in der Stille ans Licht kommen. Wie gut, dass ich mit Gott allein war. Bei ihm konnte ich schreien, kreischen, weinen, mit Stöcken auf Bäume schlagen. Bei ihm konnte ich der Wut Raum geben.

Nach der Wut breitete sich tiefe Traurigkeit in mir aus. Was ich schon lange nicht mehr empfunden hatte, bahnte sich den Weg in mein Bewusstsein. Zu lange hatte ich diese Gefühle unterdrückt, nun konnten sie Ausdruck finden. Sie gehören zu mir und meinem Leben dazu. Viele Tränen flossen und machten den Weg frei für die wirkliche Begegnung mit mir selbst und auch mit Gott.

Wie für mich gemacht, war es zu dieser Zeit eiskalt, und die Landschaft war von einer wunderschönen Schneedecke überzogen. Die Natur war still und ruhte. Oft schien die Wintersonne und ließ den Schnee und die Eiskristalle glitzern. Die bedeckte weiße Natur war für mich ein Bild meines Inneren. Unberührt. Unversehrt. Wie ein Neuanfang. Ein Ort, an dem Stille hörbar war. An dem Fragen keine Antworten finden mussten. An dem Unruhe dem Frieden wich. An dem heil wurde, was verwundet war. Ein Ort, an dem mein Herz Heimat fand, an dem Zukunft und Vergangenheit sich in der Gegenwart berührten. An dem Erde und Himmel einander begegneten und Gott mir einen Namen gab: „Ich bin." Damit betonte er einmal mehr, dass ich ein Geschöpf nach seinem Ebenbild bin.

Diese zehn Tage waren in jeder Hinsicht mein Hauch von Eden, dort habe ich mich wiedergefunden. Mein Herz hat sich erneut oder vielleicht zum ersten Mal mit Gott verbunden. Diese Stille hat mir den Raum gegeben, mir selbst und Gott zu begegnen. Die Depression wich, und mein Leben bekam eine neue Perspektive. Ich bin aus tiefstem Herzen dankbar für solche Momente und möchte mich weiter danach ausstrecken. Gerade auch in der zweiten Lebenshälfte ist es so entscheidend, immer wieder einen Hauch von Eden zu suchen und zu finden. Unsere Seele braucht das.

Kurzbiografie

Birgit (60 Jahre) ist seit 36 Jahren mit Jan verheiratet. Sie hat drei erwachsene Söhne, drei wundervolle Schwiegertöchter und ist stolze Oma von zwei Enkeltöchtern. Birgit und Jan leben an der hessischen Bergstraße.

Birgits Herzenswunsch war es immer, Familien, Mütter und Kinder zu unterstützen und diese durch ihren Erfahrungsschatz zu ermutigen und zu begleiten. In den letzten zehn Jahren war sie Vorsitzende eines wachsenden Familienzentrums vor Ort. Dort konnte sie ihre Berufung in weiteren Facetten ausleben.

Ausgelöst durch die Arbeit im Familienzentrum erfüllte sich Birgit mit Mitte fünfzig einen Herzenswunsch und begann, Soziale Arbeit zu studieren. Mittlerweile steht sie kurz vor dem Abschluss ihres Studiums.

12 VOM ENTDECKEN BESONDERER SCHUTZRÄUME

Ira Schneider

Die verschlossene Tür

Ich hörte laute ängstliche Schreie, fasste meinen Mut zusammen und ging zur Tür. Sie war zu. Ich sammelte noch mehr Mut und drückte die Türklinke hinunter. Die Tür war abgeschlossen. Kurz verstummten die Schreie. Nicht viel von dem, was sich hinter der Tür abspielte, verstand ich. Aber zwei Dinge waren mir schnell klar. Erstens: Die Situation fühlte sich bedrohlich an. Zweitens: Sie war scheinbar nicht für meine Augen gedacht. Verzweifelt rief ich, ob alles in Ordnung sei. Meine Mutter sammelte ihre Stimme und sagte, dass sie und mein Vater diskutieren würden. Unbeholfen stand ich noch einen Augenblick vor der Tür. *Diskutieren*. Was soll das denn heißen, dachte ich. Was passierte bloß hinter der Schlafzimmertür meiner Eltern? Würde alles wieder gut werden?

Wie eine Diskussion klang das nicht. Die Tage danach war die Lage hochangespannt. Mit meinem acht Jahren wusste ich nicht, was genau passierte. Aber ich war schwer besorgt um meine Mutter. Ich hätte alles dafür getan, damit es ihr gut ging. Vor lauter Angst schlief sie in den kommenden Tagen bei mir mit im Bett. Bei mir fühlte sie sich scheinbar sicherer als in ihrer Ehe. Ich wurde immer ängstlicher. Meine kindlichen Fantasien tobten. Ich hatte Angst. So viel Angst, dass ich mir ausmalte, mein Vater könnte Gift in unser Trinkwasser mischen und ich könnte es womöglich verpassen. Heute noch erinnere ich mich ziemlich genau an diese vehemente Sorge. Sie war ein Stellvertreter; ein Ausdruck der Verworrenheit in der ich mich befand. So tief war der Kontrollverlust – so archaisch die Angst. So absurd und zugleich als Kind sinnhaft die Fantasie. Nein, mein Vater hätte nie so etwas getan, aber die Lage zwischen den beiden hatte sich zugespitzt.

Der Umbruch ins Unerwartete

Danach ging alles schnell. Meine Mutter schnappte mich, und wir flohen in ein Frauenhaus. Es war nicht das erste Mal, dass wir in einem waren, sondern das dritte Mal. Diesmal endgültig. Diesmal gab es kein Zurück mehr. Die Jahre darauf waren schwer. Meiner Mutter ging es lange nicht gut.

Das Geld war knapp. Wir bezogen eine Weile Bürgergeld, und ich erinnere mich noch an jenen McDonald's-Besuch und an die Schuldgefühle, die ich spürte, mir das Happy Meal mit den gelben Prinzessinnen-Handschuhen ausgesucht zu haben. Ich erinnere mich auch, dass ich einmal auf einem Geburtstag eingeladen war. Im Laden kauften wir ein Kissen mit einem bunten Erdbeermuster für meine Freundin. 2,50 Euro, puh, so viel! In meinem Magen eine Grube. Konnten wir uns das wirklich leisten?

Die Konflikte zwischen meinen Eltern gingen weiter, wurden immer komplexer. Meine Familie, die aus Albanien kommt, hatte überall ein Wort mitzureden. In Albanien hat eine Scheidung eine krasse Dimension. Mein erstes Treffen mit meinem Vater nach der Trennung war begleitet von einer Sozialarbeiterin. Bis heute weiß ich, wie schwer diese Auflage für ihn gewesen sein muss und mit wie viel Scham sie bestimmt einherging. Es waren langwierige turbulente Jahre.

Zurückgeblickt

Von allen Dingen, die ich je erlebt habe, hat mein Leben nichts so sehr belastet wie der weit über ein Jahrzehnt andauernde intensive Scheidungskrieg meiner Eltern. Ich kenne den Zerriss, wenn zwei Seiten an einem zerren und um Solidarität ringen. Sind beide im selben Raum, bedeutet das für mich schiere Panik. Meine Kindheit und Jugend waren davon geprägt, immer und immer wieder Geschichten zu hören, wie „schlimm" der andere Elternteil ist. Eins der schlimmsten inneren Gefühle war, dass ich immer den Eindruck hatte, nie beide gleichzeitig lieben zu dürfen. Wann immer ich das tat, war das schlechte Gewissen vorprogrammiert. So war ich mal Retterin, mal Beschützerin, mal Versorgerin, mal Trösterin und mal Anwältin. Alle diese Rollen waren mir wohl vertraut. Rollen und innere Aufträge, die an mich delegiert wurden, die aber in dem Herzen eines Kindes, das unbekümmert und frei sein sollte, nicht hätten sein sollen.

Hin zur Vision

All das war schwer. Keine Frage. Ich habe lange getrauert, lange Wut gespürt, mich lange diesem inneren Prozess des Verarbeitens hingegeben. Das Leben kommt gewöhnlich in Wellen. Wann ist schon etwas völlig abgeschlossen, wie es uns manchmal so romantisiert verkauft wird! Viele Themen bleiben Lebensthemen. Sie tauchen immer mal wieder in einem anderen Gewand auf. Mal pusten sie uns voller Wucht um. Mal berühren sie uns wie ein sanfter Hauch, und wir sind erstaunt über unseren Umgang und sind fasziniert von der inneren Fassung, die wir von uns selbst nicht erwartet hätten. Auch mit der Unabschließbarkeit mancher Themen umzugehen, ist ein Stück weit eine Lebenskunst.

Viele Jahre später spürte ich, dass all der Schmerz ein Anliegen in mir hervorkitzelte. Ich wollte Paare begleiten und stärken. Es ließ mich nicht los. Ich wollte nichts Semiprofessionelles machen, also ging ich den ganzen Weg. Die Wege hin zum Hauch von Eden waren in meinem Leben zumindest nie kurze, sondern lange, ausgiebige – oft auch schwere Wege. Wenn ich an all den Schmerz denke, den ich gefühlt habe, denke ich an die vielen Kinder, die diesen auch fühlen. Also machte ich über mehrere Jahre hinweg verschiedene beraterisch-therapeutische Ausbildungen. Die 15-jährige Ira hätte sicherlich verdutzt geguckt. Nie hätte sie gedacht, dass sie heute in einer psychologischen Beratungsinstitution mit dem Schwerpunkt Paare und zusätzlich als selbstständige Paartherapeutin arbeiten würde.

Kinder schützen

Dieser alte innere Teil, der all die Erlebnisse nicht als Rudimente mit sich schleppen, sondern sie zu Perlen machen möchte, dieser Teil will mit unbändiger Kraft Kindern das geben, was mir selbst verwehrt wurde: Eltern, die in Paartherapie gehen und Verantwortung für ihre Themen übernehmen. Ich erhoffe mir Schutz im Herzen dieser Kinder, die entlastet werden, die merken, dass ihre Eltern unterwegs sind und etwas verändern. Und wenn sich nichts auf Paarebene verändert, dann zumindest auf der Kinderebene. Denn solange den Kindern die Not der Eltern nicht zugeschoben wird, ist schon viel erreicht. Ihr Kindeswohl ist geschützter. Die Chance, nicht in tiefe Schuldgefühle zu geraten, die sie über Jahre beschweren, ist geringer.

Auch wenn die Eltern sich für einen anderen Weg als das Paar-Sein entscheiden, ist es doch ein großer Unterschied, wenn Eltern ihre Themen bei sich lassen, und auch dafür können einzelne oder gemeinsame therapeutische Prozesse hilfreich sein. Das ist eine Facette meines Versuchs, eine Brücke zwischen Eden und der Gegenwart von Familien zu bauen.

Überschreibende Liebe

Auch in meine Ehe möchte ich einen kleinen Einblick geben. Es war ein Tag, an dem mich all die großen und kleinen, die starken und eindringlichen, die erschöpfenden und überrumpelnden Gefühle überrollten. Ein Tag, an dem ich mich wie eine Zumutung fühlte. Ein Tag, an dem ich mir wünschte, ich wäre ein bisschen unterkühlter. An diesem Tag fiel der Alltag mit der Tür ins Haus. Rastlos und im Funktionsmodus führte mein Weg durch die Küche am Esstisch vorbei. Und da lag er – einer der wichtigsten Briefe, die ich je las. Worte, von meinem Mann ausgesprochen, die sich neu in mein Herz brannten. „Deine Gefühle sind immer ok. Du sollst alle Gefühle spüren. Ich möchte immer für dich da sein." Vieles drehte sich um meine Eltern, als die Krise akut war, aber auch in den Jahren danach war wenig Raum für die emotionale Versorgung meiner Ängste und Sorgen gewesen. Oft fühlte ich mich allein und hilflos mit meiner inneren Not.

Die Sätze aus dem Brief waren für mich überschreibende, heilsame und wiedergutmachende Erfahrungen. Bindungen und Beziehung begleiten uns unser ganzes Leben. Was wir erlebt haben, ist nie egal. Gleichzeitig sind wir bewegliche Wesen. Durch neue Bindungserfahrungen können wir Heilsames nach und nach über Schmerzliches legen und somit Wiedergutmachungen alter Erfahrungen erleben. Diese neuen Erfahrungen können sich wie weiche, sanfte Decken über alte Wunden legen und den Schmerz ein wenig salben. Da war er wieder, der Schutz aus Eden. In diesem Falle mitten in unserem Ehegeschehen. Ich durfte Schutz und Raum für meine Gefühlswelt erleben. Für mich ein Hauch von Eden.

Erfahrungen ermöglichen

Auch in meiner Arbeit erlebe ich kleine Funken von Eden. In dem Frauenhaus suchten meine Mutter und ich damals Schutz. Der Schutzgedanke lässt mich auch heute nicht mehr los. Schutz kann körperlich sein, aber er kann auch eine emotionale Dimension betreffen. Ich versuche in meinen Sitzungen, meinen Klienten einen echten emotionalen Schutz zu geben, einen Ort der Sicherheit, einen Ort der vollkommenen Annahme aus Eden.

Menschen kommen in die Paartherapie mit hemmenden Glaubenssätzen. Verständlich, denn oft wird über Paartherapie auf eine Art und Weise gesprochen, die alles andere als hilfreich, stützend und haltgebend ist. Da ist die Angst, als Schuldiger erklärt zu werden. Da ist die Angst, Dinge sagen oder machen zu müssen, die einem fernliegen. Da ist die Angst, dass alles sowieso nichts bringt. Wie mutig sind die Paare, die trotzdem anrufen, sich trotzdem auf den Weg machen und trotzdem losgehen. Da sind so viele Trotzdems, über die ich staune. Mit diesem Schutz versuche ich Paare behutsam zu begleiten, ihnen sichere Erfahrungsräume zu ermöglichen und ihrer Not Raum zu geben. Diese ganze Feinfühligkeit braucht es für das größere Ziel. Das sind für mich tiefe und geschützte Betroffenheitserfahrungen. Das sind Momente butterweicher Anteilnahme an der Not des Gegenübers. Wenn solch ein Einfühlungsmoment, der für einen Augenblick loslässt, stattfindet, dann sehe ich darin einen kleinen Hauch von Eden.

In Schleifen

In Schleifen, so tanzt das Leben vor sich hin. Mal stolpern wir. Dann rappeln wir uns wieder auf. Aber unser vergangenes Erleben und unser gegenwärtiges Handeln sind wie eine Schleife. Sie gehen ineinander über, in der Mitte ein Knoten, unser Herz, das das Dort und Damals und das Hier und Jetzt zusammenhält, an einigen Tagen aushält und an anderen stabilisiert. In meinem Leben ging es lange um das Thema Schutz. Genauer genommen vielmehr um die Schutzlosigkeit. Das, was ich größtenteils nicht hatte, will ich anderen maßlos schenken. Ich bin dankbar für diese Haltung. Nicht selten beobachte ich, dass es Menschen schwerfällt, anderen das zu gewähren, was ihnen selbst verwehrt blieb. Dann ist da ein untröstlicher und verstummter Mangel. Einer, der insgeheim danach ruft, gesehen zu werden. Wenn wir uns unseren Themen nicht zuwenden, kann es schwer werden, den Hauch von Eden für andere zu hinterlassen. Wenn ich dir einen kleinen Funken mitgeben darf, dann die Frage: „Welcher Teil von dir braucht heute Trost?“ Ich wünsche dir einen dafür geschützten Ort. Ob in dem Schoß Gottes, ob im Rahmen professioneller Hilfe oder bei einer Person deines Vertrauens. Du darfst dir diesen Trost erlauben.

Kurzbiografie

Ira lebt mit ihrem Mann im Raum Hannover. Sie arbeitet in Teilzeit in einer psychologischen Beratungsinstitution für Paare, Familien und Einzelne. Zudem ist sie selbstständig als Paartherapeutin tätig und bildet als Dozentin Personen fort, die mit Paaren arbeiten.

Seit 2020 ist sie als Fachautorin für Beziehungsthemen tätig und schreibt regelmäßig für die Family und das P&S-Magazin Psychotherapie und Seelsorge. Zudem ist sie Teil des freien Redaktionsteams der Lydia und Teensmag.

Wenn sie nicht gerade schreibt, liebt sie Blumenfelder, Kräutertee, lange Gespräche, Geschenke einpacken, Milchschaum mit Zimt und das Meer!

Weitere Infos unter: www.schneider-ira.com

13 VON DER RÜCKKEHR ZU MENTALER GESUNDHEIT

Tara Gorter

Vom Verlieben

Es war 1999, als ich O'ahu zum ersten Mal als zehnjähriges Mädchen mit meiner Familie besuchte – meine Surfbretter im Schlepptau. Ich erinnere mich an diese Reise, als wäre es gestern gewesen. Im Nu eroberten die Hawaiianischen Inseln mein Herz. Es war Liebe auf den ersten Blick! Als Familie waren wir viel unterwegs. Wir lebten in Australien und reisten durch die ganze Welt, immer auf der Suche nach den besten Wellen, auf denen wir surfen wollten. Wir hatten viele Länder besucht, aber Hawaii war einfach unvergleichbar einzigartig. Wo die zerfurchten grünen Berge aufs Meer treffen, ein Ort voller bunter und majestätischer Kultur, das Gefühl von *o'hana* (Familie) mit den Menschen auf diesen Inseln, fantastische Sonnenuntergänge im Pazifik und natürlich sensationelle Wellen – Hawaii ist weltweit bekannt dafür! Diese Reise als Zehnjährige war für mich der Beginn einer lebenslangen Liebe zu Hawaii. Der Wellengang an der North Shore war atemberaubend, ich erlebte dort einige meiner eindrucksvollsten Surf-Sessions am Sunset Beach. Als Familie schufen wir Erinnerungen, die sich tief in mein Herz, meine Träume und die Vision für meine Zukunft einprägten. Ich kann noch die Emotionen abrufen, die sich in mir breitmachten, als wir den Heimflug antraten. Als das Flugzeug abhob und mein Blick über die Insel O'ahu schweifte, liefen Tränen über mein kindliches Gesicht. Ich spürte so viel Freude, tiefen Frieden und erwartungsvolle Aufregung, so bald wie möglich hierher zurückzukehren.

Vom Verweilen

Im Sommer 2003 war es so weit: Ich erhielt die Möglichkeit, für drei Monate zurück nach O'ahu zu gehen. Zu dem Zeitpunkt war ich professionelle Junior-Surferin. Wieder auf Hawaii zu sein, gab mir die Möglichkeit, Weltklasse-Wellen zu surfen und jeden Tag zu trainieren. Ich wachte früh morgens auf, ging direkt surfen, kam zurück, um im Homeschooling meinen Unterricht zu absolvieren und kehrte dann für eine Nachmittags-Session zurück in die Wellen. Ich lebte den hawaiianischen Traum und begann das Gefühl zu haben, dass dieser Ort für immer ein Zuhause für mein Herz bleiben würde. Nachdem ich für etwas mehr als einen Monat nach Hause geflogen war, kam ich im Winter zurück nach Hawaii, um die Gelegenheit zu nutzen, an der North Shore von O'ahu während der Swell-Season zu surfen.

Auch für die nächsten vier Wintersaisons kam ich immer wieder. Es waren nicht nur die Brandung oder das warme Wetter, was mich jedes Jahr anzog. Es war die Atmosphäre dieser Insel, die mich in ihren Bann zog. Dort konnte ich die Leichtigkeit der Menschen spüren, denn sie nehmen das Leben, wie es kommt, sie teilen ihre Zeit und genießen den Moment miteinander.

Die Zeiten auf O'ahu prägten meine Identität. Wann immer ich dort war, hatte ich das Gefühl, wirklich lebendig zu sein. Außerdem spürte ich Gottes Gegenwart. An diesem Ort konnte ich die Schönheit seiner Schöpfung an jeder Ecke sehen und die Existenz eines Schöpfers kaum leugnen. Hier konnte ich große Träume träumen. Als junge Frau malte ich mir mein Leben aus und war voller Zuversicht.

Vom Hoffen

Und dann passierte das Leben! Im Jahr 2010 heiratete ich Dave, die Liebe meines Lebens, und zog mit ihm zusammen nach Sydney. Dort leben wir noch heute und haben mittlerweile vier Kinder. Wir lieben unser volles und verrücktes Familienleben. In den Jahren nach unserer Hochzeit warfen sich allerlei verschiedene Herausforderungen in unseren Weg, die das Leben mit sich bringt. Wir erfuhren auch großartigen Segen, einschließlich dem Geschenk, Eltern unseres ältesten Sohnes Riley werden zu dürfen. Nachdem er 2014 gesund zur Welt gekommen war, fanden wir kurz darauf heraus, dass ich wieder schwanger war. Wir würden unser zweites Kind nur 14 Monate nach Rileys Geburt erwarten.

Beim Ultraschall in der 20. Schwangerschaftswoche zeigte sich, dass es schwerwiegende Komplikationen mit unserem zweiten Baby gab. Die Ärzte prognostizierten, dass das Kind es entweder nicht bis zum Ende der Schwangerschaft in meinem Bauch überstehen würde, oder außerhalb des Mutterleibes keine lange Lebenserwartung hätte.

Die einzige Hoffnung, die wir in dieser überwältigenden Zeit hatten, war unser Glaube. Wir nahmen uns Zeit für Gott im Gebet und warfen unser Vertrauen auf die Verheißungen, die wir in der Bibel lasen. Und obwohl wir wussten, dass Gott souverän ist und alles in seiner Hand lag, war es eine nervenaufreibende und sehr schwierige Zeit. Durch die Schwangerschaftswochen hinweg schlug das Herz unserer Tochter unbeirrt weiter, und wir spürten, dass sie leben wollte! Schließlich erblickte unsere wunderschöne Lani im Jahr 2015 einige Wochen vor dem errechneten Termin das Licht der Welt. Sie hatte die Geburt an sich komplikationslos überstanden, und wir konnten es nicht glauben, sie in unseren Armen zu halten. Doch Lani hatte etliche gesundheitliche Probleme, das größte davon: ihr Herz!

Von dem Moment ihrer Geburt an kämpfte unsere Tochter tapfer um ihr Leben und wir mit ihr. Als Eltern waren wir entschieden, alles uns Mögliche zu tun, um ihr zu helfen. Nichts ist vergleichbar mit der überwältigenden Liebe, die Eltern für ihre Kinder empfinden. Es kostete Dave und mich dennoch alle Kraft, in diesen Wochen nicht durchzudrehen. Wir vertrauten auf Gott, dass er Lani heilen würde. Aber würde wirklich alles so werden, wie wir es erbaten?

Vom Verzweifeln

Sechs Wochen nach ihrer Geburt musste Lani sich einer lebensrettenden Herzoperation unterziehen. Viele unserer Freunde begleiteten sie an diesem Tag mit ihren Gebeten, und auch wir konnten nichts anderes tun, als Lani in Gottes Hand zu legen. Sein Wille würde geschehen! Meine kleine Lani in den OP rollen zu sehen, zerriss mir einfach nur das Herz, es war kaum auszuhalten! Als wir sie nach langsam dahinkriechenden Stunden endlich wieder im Empfang nehmen durften und ich sie ansah, war sie für mich das tapferste kleine Mädchen auf der ganzen Welt. Und sie lebte! Eine unbeschreibliche Last fiel uns von den Schultern.

Doch später in dieser Nacht passierte das, was nicht passieren durfte: Lani hörte plötzlich auf zu atmen. Jeder verfügbare Arzt im Krankenhaus rannte an ihr Bett, um bei der Reanimation zu helfen. Wir standen fassungslos daneben und konnten nur beten! Und wir spürten es: Gott war in diesem tiefsten, dunkelsten Moment direkt an unserer Seite. Nach Augenblicken, die uns so lang erschienen, dass wir jedes Gefühl für Raum und Zeit verloren, setzte Lanis Atmung plötzlich wieder ein, und ihr Herz kam wieder in Gang. Ich kann gar nicht beschreiben, was diese Momente der Verzweiflung und der Hoffnung in uns bewirkten. Ich trage sie für immer in mir.

Für einen ganzen weiteren Monat lag Lani nach ihrer OP und der dramatischen Nacht danach auf der Intensivstation. In den anschließenden zwei Jahren verbrachten wir mit ihr immer wieder einzelne Phasen in der Klinik. Bei der ersten Herzoperation war versehentlich Lanis linkes Stimmband verletzt worden und war nun dadurch gelähmt. Dies bedeutete, dass jede Flüssigkeit, die sie trank, Gefahr lief, in ihre Lunge zu dringen. Sie hatte weder eine Stimme noch konnte sie Geräusche von sich geben oder husten.

Es folgten weitere Operationen, um das gelähmte Stimmband wiederherzustellen. In dieser Zeit, die mir alles abverlangte, verbrachte ich neben der Fürsorge für unseren ebenfalls noch jungen Sohn Riley jeden Tag damit, Lani bei der Erholung beizustehen. Sie musste essen und sprechen lernen, es galt vorsichtig zu sein und vor allem auch ihr Immunsystem zu stärken. Lani hatte viel aufzuholen und brauchte jede Unterstützung und Zuwendung.

Vom Verarbeiten

In dieser Zeit geriet ich in einen tragischen Kreislauf. Irgendwie überleben müssen ... Überforderung durch posttraumatischen Stress ... ein Nebel, der mein ganzes Denken und Fühlen umgab ... es war wie ein Strudel, der mich immer tiefer zog. Das Leben war so komplex geworden, und ich schaffte es einfach nicht mehr, Land unter die Füße zu bekommen. Es war 2018, als wir uns für eine Familien-Auszeit entschieden. Ich wollte nach Hawaii zurückzukehren und unseren Kindern dieses Stückchen Eden zeigen.

In dem Moment, als wir auf O'ahu ankamen, fühlte ich sofort diesen Frieden. Ich war so überwältigt von dem Geschenk, wieder zurück sein zu dürfen. Das Gefühl von Lebendigkeit, Hoffnung und Erwartung durchströmte mich wieder – so wie früher! Als Familie erlebten wir eine Zeit voller Leichtigkeit. Wir genossen das Surfen bei Sonnenuntergang mit Freunden, aßen Acai-Bowls am Strand, beobachteten Schildkröten beim Schwimmen und ließen uns einfach von der Schönheit der Inseln verzaubern. Ich liebte es, meinen Kindern beim Spielen im Sand zuzusehen und wie sich hinter ihnen über dem Blau des Pazifiks ein Regenbogen spannte. Hawaii wird auch als Rainbow State bezeichnet, denn eigentlich wird jeden Tag dieses Spektakel aus Licht und Reflexion sichtbar. Ich persönlich sah darin den Zuspruch Gottes: Er war immer da und hielt unsere Familie fest in seiner Hand. Wir hatten eine Unterkunft in der Nähe des Pipeline Strandes gebucht, was mir die Möglichkeit gab, mich ab und an für eine Weile abzusetzen und allein surfen zu gehen. Nach dem Wellenreiten suchte ich Zweisamkeit mit Gott am Strand und nahm mir Zeit, zur Ruhe zu kommen und zu beten.

Diese Reise war genau das, was ich brauchte, um mich neu zu erden und von Gott heilen zu lassen. Mein innerer Blick hob sich wieder, ich nahm die Welt um mich herum neu wahr und konnte all das, was Gott geschaffen hat, in seiner Schönheit erkennen. So lange war mein Blick getrübt gewesen, Schönheit war nebensächlich gewesen. Schönheit rettete schließlich niemanden – oder vielleicht doch? Eine neue tiefe Dankbarkeit überkam mich – für meine Familie und die Freunde an meiner Seite, die Menschen, die Gott in meine Welt gestellt hatte. Und Freude kehrte zurück – kindliche Freude, die direkt aus Gottes Herzen entspringt. In den hawaiianischen Wellen konnte ich diesen Kick wieder spüren, der mir bezeugte, dass auch ich nach wie vor lebendig war.

Die Auszeit auf Hawaii brachte all das wieder zurück, was auf einem anstrengenden und sehr herausfordernden Weg verloren gegangen war. Es tat so gut, innezuhalten und Gott wirklich an die Tiefen meines Herzens heranzulassen. Ich sprach viel mit ihm, legte ihm alles hin und wagte auch wieder zu träumen … es war, als würde Gott mir zeigen, dass ein neues Kapitel für uns als Familie kommen würde. Ich verstand wieder, wie entscheidend es war, ihn an unserer Seite zu haben und durch ihn Hoffnung zu erleben. Seine Kraft hält uns, wenn unsere Kraft nicht ausreicht. Ich habe seit dieser Reise viel darüber nachgedacht, warum ich mich Gott auf Hawaii so nahe fühle, und warum unsere Reise als Familie so ein großer Wendepunkt für meine mentale Gesundheit war.

Vom Zurückkehren

Ich denke, wir alle brauchen immer wieder Auszeiten an einem Ort, an dem das Herz auftanken kann. Wohin wir zurückkehren können, um uns neu zu sortieren, klar zu denken und mit unserem Schöpfer in Verbindung zu treten. Das mag eine schlichte Bank in einem Park in unserer Stadt sein oder ein Strand auf einer tropischen Insel weit weg. Das Entscheidende daran ist, dass es uns ermöglicht, mit Gott und uns selbst in Berührung zu kommen.

Denn Gott verspricht: „Kommt alle her zu mir, die ihr müde seid und schwere Lasten tragt, ich will euch Ruhe schenken. Nehmt mein Joch auf euch. Ich will euch lehren, denn ich bin demütig und freundlich, und eure Seele wird bei mir zur Ruhe kommen. Denn mein Joch passt euch genau, und die Last, die ich euch auflege, ist leicht" (Matthäus 11,28-30).

Kurzbiografie

Noch immer schlägt das Surferherz in Tara (Jg. 1988). Wann immer sie heute als Mama Zeit dafür findet, ist sie draußen auf dem Meer und reitet Wellen. Die Liebe zum Surfen teilt sie auch mit ihrem Mann, Dave. Zusammen lebt das Paar im Großraum Sydney und hat mittlerweile vier Kinder. Nach Riley und Lani machten die Ankunft von Tyler und zuletzt Sophia die Familie komplett.

Die Gorter-Familie liebt das gemeinsame Reisen und Zeit mit Familie und Freunden. Tara unterrichtet ihre Kinder im Homeschooling. Zusammen gehören sie zu einer Gemeinde vor Ort.

14 VOM KLANG UNSERES INNERSTEN

Julia Buch

Schlafkonzerte

Stille. Pause. Ich höre nur die tickende Uhr. Tick, tack, tick, tack. Ich sitze in einem leeren Café, das gerade inmitten von Umbaumaßnahmen einem Neustart entgegenstrebt. Zwischen lautem Baulärm, Werkeln, Tun und Treiben gibt es ebenso diese Pausen und Ruhemomente, die paradiesisch, reinigend und herrlich erdend sein können.

Als Musikerin sowie Unternehmerin veranstalte ich seit mehr als zehn Jahren sogenannte Schlafkonzerte in den unterschiedlichsten Locations. Es gibt für mich nichts Schöneres, als Menschen aus dem trubeligen Alltag abzuholen und sie wortwörtlich hin zu einem „erdenden Ruhen" zu begleiten. Denn die Menschen dürfen in unseren Konzerten tatsächlich liegen und dabei sogar einschlummern. Wenn ich am Klavier sitze und mit meiner Band für die Zuhörer meine Eigenkompositionen spiele, dann beobachte ich jedes Mal, dass dieses liebevoll durch das Konzert verordnete „kollektive Ruhen" ein „heiliges Ruhen" ist. Die Musik ist dabei bewusst so geschrieben, dass sie dem Herzschlag entspricht, und damit ideal in die Entspannung führt. Unsere Zuhörer können im Alltag zur Ruhe kommen, um sich neu ausrichten zu können. Sie kommen vom Tun ins Sein. Sie kommen bei sich selbst an und spüren das eigene Herz wieder klopfen. By the way – wann hast du das letzte Mal bewusst dein Herz klopfen gehört?

Unser Gästebuch zeugt davon, dass diese Erfahrung nicht selten dazu führt, dass größere Fragen des Lebens aufkommen. Während des Schlafkonzerts wird ein Gefühl des inneren Friedens ausgelöst, aber auch eine Sehnsucht nach dem, was im Inneren im Verborgenen schlummert und im Alltag oft kein Gehör findet: Herzensträume. Sehnsucht. Dass da doch noch mehr ist und darauf wartet, rausgelassen zu werden.

Wendekind und Improvisation

Als Wendekind bin ich in Ostdeutschland mit einem Gefühl groß geworden, dass das Leben auf Schienen vorgezeichnet ist und man kaum Möglichkeiten und Ressourcen hat, eigene Träume und Sehnsüchte zu verwirklichen, die über das tägliche Leben hinausgehen. Im absoluten Kontrast dazu standen Farbe, Fülle, Frieden und Freiheit, die ich dafür in der Musik und an meinem Klavier fand. Es war wie ein geheimer Hauch von Eden inmitten eines sichtbar verfallenden Systems, in dem zuvor meine Eltern und Großeltern gelebt hatten.

Ein Hauch von Eden, der unsichtbar, aber hörbar ist. Sobald ich mich ans Klavier setzte – war diese direkte Connection zu etwas über und um mich sofort spürbar. Ich fing an zu spielen und fühlte mich sofort verstanden. „Herr, du hast mein Herz geprüft und weißt alles über mich. Wenn ich sitze oder wenn ich aufstehe, du weißt es. Du kennst alle meine Gedanken. Wenn ich gehe oder wenn ich ausruhe, du siehst es und bist mit allem, was ich tue, vertraut. Und du, Herr, weißt, was ich sagen möchte, noch bevor ich es ausspreche. Du bist vor mir und hinter mir und legst deine schützende Hand auf mich. Dieses Wissen ist zu wunderbar für mich, zu groß, als dass ich es begreifen könnte!" (Psalm 139,1-6). Vieles im (Wende-Kinder-) Alltag war an Denkweisen, Vorgaben und hohe Erwartungen geknüpft, oft spannungsgeladen, unter Druck setzend und herunterziehend. Nicht so bei der Musik. Da wurde ich sofort nach oben aufgerichtet und erfuhr Heilung. Ich erlebte, dass dieses Medium eine Dialog-Möglichkeit bot. Dass – obgleich da niemand Sichtbares saß – der ganze Himmel mit im Raum war und zuhörte.

„Ich schaue hinauf zu den Bergen – woher wird meine Hilfe kommen? Meine Hilfe kommt vom Herrn, der Himmel und Erde gemacht hat. Er wird nicht zulassen, dass du stolperst und fällst; der dich behütet, schläft nicht" (Psalm 121,1-3).

„Doch du, Herr, umgibst mich mit deinem Schutz, du bist meine Ehre und richtest mich auf. Ich rufe zum Herrn, und er antwortet mir von seinem heiligen Berg" (Psalm 3,4-5).

Als ich zwölf Jahre alt war und mein Vater mir zum ersten Mal zeigte, wie ich meinen eigenen Gesang selbst am Klavier begleiten und dadurch neue Lieder schreiben konnte, eröffnete mir das eine direkte Tür in diesen Hauch von Eden. Ich saß stundenlang am Klavier und schrieb nicht selten zwanzigminütige „Werke". Ich goss Siege und Erfolge in Noten, betrauerte verlorene Kämpfe. Und schließlich fing ich auch an, über meine Erfahrungen und Gefühle zu singen. Dies jedoch in einer Sprache, die keine direkte Bedeutung hatte. Sie floss einfach aus mir heraus und war da. Lustigerweise klang sie ähnlich wie Englisch, und ab und zu kamen auch konkrete Worte dabei vor. Ich improvisierte und sang so, als wäre ich tatsächlich mit einer Person im Gespräch. Wie nichts anderes hatte dieser Vorgang die Kraft, mich ins Hier und Jetzt zu bringen.

Mit dieser Impro-Sprache bestand ich damals sogar meine Aufnahmeprüfung zum Musikstudium und werde wohl nie erfahren, ob es den Prüfern einfach nicht auffiel oder sie mich gerade deswegen zum Studium zuließen. Übrigens kann man das Ganze tatsächlich trainieren! Genau wie man ein Instrument erlernen kann, kann man es lernen, aus dem Moment heraus zu improvisieren, präsent zu sein und Stille auszuhalten. Und natürlich gilt das Improvisieren genauso für andere Künste. Sich z. B. durch Bewegung, mit dem Malen, Designen, Basteln, Dekorieren, Pflanzen, Kochen, Handwerken usw. auszudrücken. Eigene Handschriften und Ausdruck entwickeln.

Der nächste Schritt war für mich, andere Menschen an diesem Geschenk teilhaben zu lassen, was ich nun mit meinen Schlafkonzerten tue. Dabei frage ich mich bei jedem Song: Was fließt durch diese Melodien und Worte in die Umgebung, der ich es zusinge? Fließt da Ermutigung oder Entmutigung? Fließt Frieden oder Unsicherheit und Zweifel? Fließt Freude oder Tristesse?

Unsere Gabe als Schlüssel

Zurück im Café. Gerade kommen die Bau- und Handwerker zurück, und sofort umgeben mich wieder Bohrgeräusche, Gespräche, Laute, Töne, Geräusche aller Couleur. Es ist nicht immer einfach, umgeben von der Lautstärke des Alltags den eigenen Puls und den des Himmels, den von Eden, wahrzunehmen. Wie viel mehr ist es ein Geschenk mit den Gaben, die uns gegeben sind, wie mit einem Schlüssel umzugehen. Er ist uns anvertraut worden, um immer wieder die Möglichkeit zu haben zu diesem Hauch von Eden zurückzukehren. Ob es die Gabe des Musizierens ist, die des Malens, des Zuhörens, die Gabe, etwas auf die Beine zu stellen. Es liegt an uns selbst, wie und wie oft wir diesen Schlüssel nutzen, um an diese Orte zu kommen, wo der Garten ist, wo Eden ist. Ob und wie oft wir diesen Garten aufsuchen, ihn verwildern lassen oder pflegen. Mit diesem Schlüssel, mit dieser Gabe klopft mein Herz nicht mehr nur für mich. Ein Herz klopft immer dort am meisten, wo es am maximalsten erkannt wird. In der Musik, meinem Hauch von Eden, klopft und klingt mein Herz zu demjenigen hin, von dem ich maximal erkannt bin: meinem Schöpfer.

Kurzbiografie

Julia ist Musikerin und Gründerin der Schlafkonzerte sowie zuständig für Projektmanagement und Networking bei dem Künstlernetzwerk „central arts".

Sie ist verheiratet mit Julian, die beiden sind Eltern eines Sohnes. Als Familie leben sie in der schönen Händelstadt Halle (Saale), in der sie die Veranstaltungslocation „Lichthaus" mit einem Team aufbauen. Es handelt sich dabei um das im Text beschriebene Café, das neben dem Tonstudio „Heartworker" und einer Kreativwerkstatt auch Beratungs- und Veranstaltungsräume sowie einen „Raum des Glaubens“ beherbergt.

Weitere Infos unter: www.juliabuch.com und www.schlafkonzerte.de

15 VOM REFLEKTIEREN UND WEITERTRÄUMEN

Sarah Koch

Düstere Aussichten

Ein schwarzes Kleid. Schwarze Kopfhörer. Das Gemüt genauso düster. So gehe ich allein durch die City von Mannheim. „Cause we are two steps away from a real desaster“ – Shaggy klingt dröhnend in meinen Ohren. Meine Schritte marschieren im Takt. Die Gedanken im Kopf hämmern im Off-Beat dazu.

Wohin soll mich die Zukunft führen? Was soll ich mit meinem Leben anfangen? Wie soll es mit mir weitergehen?

„Hey, ich wollte dir nur kurz sagen, dass du einen coolen Style hast", spricht mich ein Mann von der Seite an. „Nach deiner Nummer fragen, das macht man heutzutage ja nicht mehr." Er grinst. Direkter Blick. Bäm – bin ich rausgerissen aus den düsteren Gedanken meiner kleinen Endzeitwelt. Und zack – im Moment angekommen. Den Augen eines mir völlig Fremden gegenüber. Der mir aus heiterem Himmel ein Kompliment macht. Was mich wundert. Ich bin ungeschminkt. Ich lächle nicht. Im Gegenteil.

„Danke", so perplex wie kurz ist meine Antwort.

„Wohin bist du unterwegs?", kontert er direkt. Ich zeige auf ein Café. Hundert Meter Luftlinie entfernt.

„Du gehst allein irgendwohin einen Kaffee trinken? Das würd' ich mich nie trauen! Ich bin einmal allein ins Kino – und fühlte mich dabei schon so komisch. Was hältst du davon: Morgen, selbe Zeit, selber Ort? Dafür einen Kaffee mit mir?" Irgendwie nett. Und damit meine ich das nette Nett. Seine direkte und fröhliche Art.

„Tut mir leid. Sehr lieb. Aber ich bin ehrlich und fair: Ich bin verheiratet."

Damit ist mein kleines Tête-a-tête auch schon wieder vorbei. Schnell und respektvoll vorbei.

„Ach nein, dann lieber nicht", sagt er und reicht mir die Hand. „Ich wünsch dir noch alles Gute." Er geht seiner Wege. Und ich meiner.

Stiefele weiter ins Café. Ins „Kaffee auf Hawaii"-Café. Irgendwie auch beeindruckt von der kurzen und so ehrlichen Begegnung, die null unangenehm war. Und dankbar dafür, allein gelassen worden zu sein. Jetzt nicht mit jemandem zusammen sein zu müssen. Ich möchte meine düsteren Gedanken mit mir selbst ausmachen. Sie verstehen. Den Grund finden. Hinterfragen. Fragen. Beantworten.

Plötzlich glücklich

Im Café bestelle ich mir eine Zimtschnecke und einen Hafer-Latte mit Kokosmilch. Den mit diesen kleinen Kokosstreuseln obendrauf. Auf denen ich mit meinen Schneidezähnen so gerne rumkaue. Mag man oder mag man nicht. Ich mag ihn.

Und auf einmal bin ich glücklich. Jetzt. In diesem Moment. Mit mir. In mir. In der Einsamkeit. Dem Alleinsein, meinem Hauch von Eden. Ich brauche es, das Alleinsein. Um Ruhe zu finden. Und um mich zu finden. Ich kann switchen. Von düster zu hell. Von traurig zu heiter. Natürlich. Das geht auch ganz einfach mit einer simplen Übung. Stell dich vor den Spiegel – wobei es den dafür nicht einmal mehr braucht – und grinse. Ja, du hast richtig gehört: Grinse einfach mal. Ziehe deine Mundwinkel hoch und noch höher. So düster dein Gemüt auch sein mag – dein Körper schüttet sofort Glückshormone aus. Und dein Gehirn denkt: Es ist alles gut.

Doch in diesem Moment will ich nicht nur den künstlich hergestellten Hormonausschüttungsbooster. Ich möchte tiefer. In der Dunkelheit wühlen. Antworten finden auf Fragen, die schon lange beantwortet scheinen. Und für das Abtauchen in meinen eigenen Sarah-Ozean, um den verborgenen Schatz zu entdecken – richtig, hilft mir das Alleinsein. Oder Meditation. Die Verbindung zu mir und meinen Träumen.

Träume. Auch sie sind für mich mein Hauch von Eden. Meine Hoffnung auf mehr. Mein Antrieb, mein Kerosin. Ich finde meine Träume vor allem, wenn ich allein bin. Daheim. Nachts. Oder wie jetzt in einem Café. Oder meinetwegen allein im Kino. In einem Theater. Bei einem Spaziergang. Oder in der Verbindung mit meinem inneren Kind. Erinnerst du dich? Wovon hast du geträumt, als du dir noch behütet von Schule, Ferien und Hobbys die Zukunft ausmaltest?

Keine Gedanken an Steuern, Rentenvorsorge und Jobsuche verschwenden musstet? Wenn ich allein bin, finde ich mehr die Ruhe, die es braucht, um Lösungen zu finden.

Der Genuss des Alleinseins

Mir sind viele Menschen begegnet, die sich schämen, wenn sie allein irgendwo sitzen. Sie stellen sich vor, dass andere Menschen um sie herum denken, sie seien komisch, einsam und hätten keine Freunde. Wusstest du, dass sich neunundneunzig Prozent der Gedanken deines Gegenübers darum drehen, wie er auf dich wirkt und nicht du auf ihn? Wusstest du, dass die Probleme, die jemand mit dir hat, ein Spiegel seiner selbst sind?

Ich schweife ab. Kommen wir zurück zu meinem „Kaffee auf Hawaii"-Moment: Latte ist bestellt. Also zücke ich mein Journal. Lese meine To-do Liste. Was kann ich noch schaffen, bis meine Zimtschnecke kommt? Mmmh. Mails checken. Zum hundertsten Mal an diesem Tag. Ohne Erfolg. Wieder keine neue Drehanfrage. Kein neuer Job. Für einen kurzen Moment sackt mein Herz eine Etage tiefer. Aus. Schluss. Handy weg. Erst mal die Augen schließen. Atmen. Mit mir verbinden. „Du bist genug."

Für mich gehören diese schmerzvollen Tauchgänge mittlerweile dazu. Natürlich, auf den Moment, in dem ich wie von schwerem Blei unerwartet schnell in die schwarze Tiefe gezogen werde, könnte ich gerne verzichten. Dann denke ich: Nein! Bitte nicht. Wieso? Warum? Aber diese Fragen helfen nicht. Mittlerweile hab' ich es mir zur Königsdisziplin gemacht, aus schlechten Nachrichten irgendwie etwas Gutes zu ziehen. Ich frage mich: Was will mir diese Situation sagen? Was kann ich aus der Herausforderung lernen? Wie kann ich in ihr und an ihr wachsen?

Diese Fragen kann niemand für mich beantworten. Keine Frage, ein Austausch mit anderen hilft, und auch die Bitte um Hilfe. Doch den Schatz in meiner Dunkelheit bergen? Das kann nur ich allein. Denn nur ich habe die passende Stirnlampe für meinen Ozean.

Da kommt er, mein Kokoslatte. Journal, Stift, alles wird zur Seite gepackt – jetzt einfach nur genießen. Jetzt zählen nur noch der Kaffee und ich.

Nein, nicht schon wieder zum Handy greifen. Bewusst den Moment nicht mit anderen teilen. Denn: „Ich bin genug." Und so ausgelutscht, wie es auch klingen mag: Es geht mir doch gut. Ich bin privilegiert. Ja, momentan bin ich, Sarah, die Schauspielerin, ohne Engagement. Aber habe ich es mir nicht so ausgesucht? Den Job der darstellenden Kunst? Der „brotlosen Kunst"? Ja. Das habe ich.

Meine Traumrealität

„Everything Everywhere All at Once", der siebenfache Oscar-Sieger-Film von 2023 kommt mir in den Sinn. Eine Science Fiction-Komödie über eine in China geborene Frau – Evelyn –, die in einem Paralleluniversum ihr Traumleben führt, nach dem sie sich schon immer gesehnt hat: das Leben einer berühmten und erfolgreichen Schauspielerin. Sie ist dabei glücklich und erfüllt. Mir wird in diesem Moment klar: Hey, trotz all der Schwierigkeiten, trotz all der Widrigkeiten – ich lebe das Leben, bei dem ich mich nicht fragen muss: „Was wäre, wenn ich den Weg der Schauspielerin nicht gewählt hätte?" Nein, ich führe es auch, mein Traumleben. Sehne mich nicht nach einer Parallelrealität. So hart es auch manchmal sein kann. So oberflächlich diese Branche auch sein kann. Diese Branche, in der du mit über neunzig Prozent Ablehnung zu tun hast. In der manchmal

Entscheidungen danach getroffen werden, ob du die richtige Haarfarbe hast – oder eben nicht. Ob du Serienschauspielerin warst, bist oder nicht. Aber ja, ich kann und ich darf spielen. Hin und wieder.

In den nicht ganz so schönen Zeiten – oder knallhart gesagt: in Zeiten der Arbeitslosigkeit – kann ich maximal entscheiden, wo und wann ich sein will. Maximale Flexibilität – minimales Einkommen, sag ich immer gerne. Früher bin ich als Flugbegleiterin um die Welt geflogen. Habe Inspirationen am Broadway in New York, in Cirque du Soleil-Shows in Las Vegas oder aber mit Kopfhörern und meiner Lieblingsmusik am Strand auf den Malediven gefunden. Ja – ich führe meine Traumrealität. Ich – führe – meine – von mir als Kind gewünschte – Traumrealität. Und plötzlich macht es Zoom.

Ich bin stolz auf mich!

Hier in diesem Café habe ich plötzlich diese Erkenntnis! Die sollte ich einfach feiern. Darf ich in diesem Moment nicht mal kurz stolz auf mich sein? Stolz auf meinen Mut, immer wieder aufzustehen. Es immer und immer wieder zu versuchen. Meine Träume zu leben. Und ja, ich bin stolz auf mich. Genieße meine Zimtschnecke und kaue auf meinen Kokosflocken. Ist das nicht ein Glück? Einfach den Luxus zu haben, allein in einem Café sitzen zu können, einen übertrieben leckeren (überteuerten) Kaffee inklusive übertrieben großer Zimtschnecke in mich reinstopfen zu dürfen? Ja. Das ist es. Und genießen kann ich es besser allein. Multitasking soll ja eh nicht gesund sein.

Das ist er. Der Moment. Mein Hauch von Eden. Im Alleinsein. Ich habe das Glück in mir selbst gefunden. Ich habe die Ablenkung im Außen besiegt und mich nur auf das Jetzt konzentriert. Und habe erkannt, wie reich ich (doch) bin.

Dafür muss ich tatsächlich einfach nichts tun. Doch das ist ja manchmal gar nicht so leicht. Nicht wahr?

Ich stelle fest: Gefühle sind wichtig. Sie sind da, um erlebt zu werden. Aber auch um etwas zu zeigen. Vielleicht bist du gerade nicht auf dem richtigen Weg? Meine Challenge für dieses Jahr by the way: Gefühle leben. Aber sie nicht über mein Leben bestimmen lassen.

Innenlenkung

Sobald ich ausgetrunken habe, zieht es mich auch schnell zurück nach Hause. Ein kleiner Schnack mit der Kellnerin und ab mit den Kopfhörern wieder auf die Ohren. Yes, Baby. It's Shaggy again. Mr. Lover Lover. Ein Garant für gute Laune.

Ich schaue zu der Ecke, an der mich der Mann angesprochen hat. Was für ein schöner, guter Moment das war! Ich werde später meinem Mann davon erzählen. Einfach weil es ein schönes Kompliment war. Und der gute Fremde weiß noch nicht mal, dass er mir damit einen Gefallen getan hat. Einfach so. Ein Kompliment zu bekommen für mein Sein. Ohne Schminke. Ohne Lächeln. Danke, Fremder.

Auch zu Hause bin ich allein. Mein Mann ist unterwegs. Zu einem Vortrag irgendwo in der Republik. Meine Stimmung ist nun aber totally different. Im Vergleich zu der Verfassung, in der ich vor dem Spaziergang war.

Ablenkung ist gut. Aber Innenlenkung ist besser. Ein Tapetenwechsel kann alles sein. Ein zwanzigminütiger Fußmarsch in ein Café. Oder dem in dein Innenleben. Deinen Ozean. Da ist so viel mehr. Ich bin der Meinung, dass ich nicht so viele eigene Projekte umgesetzt hätte, wenn ich nicht so oft und so gerne allein gewesen wäre. Ich hätte auch nicht die Liebe zur Musik und zur Literatur wiedergefunden. Dies ist alles entstanden, als ich allein war. Ich konnte im Alleinsein sehen und erkennen, wozu ich noch in der Lage bin. Mir Fragen stellen wie: Was willst du wirklich, Sarah? Was kannst du wirklich, Sarah? Willst du weiterhin dein Glück von anderen, wildfremden Menschen abhängig machen? Warten, bis sie dich und dein Talent sehen? Dir einen Job geben? Ihnen die Macht über dich geben? Deine Stimmung? Deinen Wert? Dein Sein? Und der, entschuldige, nicht im Ansatz der Sarah entspricht, die sie wirklich ist und sein kann?

Selber entwickeln

Wenn ich Texte, Melodien, Choreografien, Kostüme, Masken und Inszenierung selbst entwickle, schreibe, plane und mache und tue, dann bin das ich zu einhundert Prozent. Und dann auf einmal: bekomme ich die langersehnte Kritik. Die eine Lobeshymne auf meine Kunst. Meine Musik. Mein Spiel. Bekomme Förderungen. Stipendien. Auszeichnungen. Weil ich zu einhundert Prozent ich selbst bin. Und es so mache, wie es mir gefällt.

Aber wie weiß ich, was mir gefällt? Indem ich mein Herz frage. Und eben das kann ich gut, wenn ich allein bin. Oder auch einsam. Dann höre ich, was es mir sagt. Dann sehe ich die Bilder, die es mir schickt. Dann schreibe ich die Gedanken (vor allem auch zu Ende), die ich denke. Dann stelle ich mir die Fragen, zu denen ich im Jetzt die Antwort brauche. Nicht im Gestern. Nicht im Morgen. Sondern im Jetzt. Das bist du. Das bin ich. Und das ist alles, was zählt. Denn was ich brauche, kann nur ich spüren. Ich allein. Ablenkung kommt so oder so. Auch in Eden. Meinem Eden des Alleinseins. Und das ist auch gut. Denn es braucht beides. Da bin ich mir sicher. Licht und Schatten. Laut und Leise. Kalt und warm. Gut und Böse. Allein und zusammen.

Mittlerweile finde ich diesen Hauch von Eden sogar im Trubel, umgeben von vielen Menschen. Wenn ich mich mit mir selbst verbinde. Je lauter es außen wird, desto stiller wird es in mir.

Ein schwarzes Kleid. Schwarze Kopfhörer. Das Gemüt ist friedlich.

Schließe einmal deine Augen, atme tief durch und spüre tief in dich hinein. Was brauchst du gerade jetzt?

Kurzbiografie

Sarah studierte Schauspiel am Kärntner Landeskonservatorium. Erste Bühnenerfahrung sammelte sie am Stadttheater Klagenfurt und am Schlosstheater Celle. Sie drehte u. a für die ARD-Telenovela „Sturm der Liebe" (wobei sie ihren Mann Samuel kennenlernte), „Das Traumschiff" und „SOKO Stuttgart". Sie spielte bei den Bad Hersfelder Festspielen und auch die Julia in „Romeo und Julia" in München.

2021 veröffentlichte sie ihr musikalisches Debütalbum „Bittersüßes Finsterlicht" und das Kinderbuch „Das Kuscheltier-Kommando", welches direkt auf der Spiegel Bestseller-Liste landete und für den deutschen Kinderbuchpreis nominiert wurde. 2023 erschien Band 2 und 2024 Band 3.

In Eigenproduktion und Regie brachte sie 2022 das Live-Hörspiel zu Band 1 auf die Bühne, begeisterte Groß und Klein und feierte ebenso ein erfolgreiches Grusical-Debüt im Schatzkistl Mannheim mit ihrem „Bittersüßen Finsterlicht".

Momentan spielt sie am Kammertheater Karlsruhe, dem Oststadttheater Mannheim und der Comoedie Dresden auf der Bühne.

16 VOM GESCHENK, DAS DIE TRAUER MIR MACHTE

Carly Cronin

Zukünftige Braut

Ich drehte mich langsam und sanft im Kreis, während ich im Spiegel das wunderschöne weiße Brautkleid betrachtete, das ich trug. In ein paar Monaten würde ich meinen besten Freund heiraten. Es fühlte sich an wie ein Traum. Dass ich erst dreiundzwanzig und noch im Studium war, spielte keine Rolle. Ich wusste, dass ich diesen Mann liebte und bereit war, den lebenslangen Bund mit ihm einzugehen und seine Frau zu werden. Glen und ich waren während unserer gesamten Studienzeit und seit über vier Jahren zusammen. Wir hatten unsere Höhen und Tiefen, aber durch alles hindurch waren wir noch enger zusammengewachsen. Wir freuten uns so sehr auf unsere Hochzeit im Frühjahr 2009.

Nun steckte ich also mitten in der Hochzeitsplanung und machte mir Gedanken über Blumen, Tischdekorationen und wie wir die Feier so günstig wie möglich gestalten konnten. Da wir beide Studenten waren, hatten wir nicht viel Geld. Ich arbeitete als Teilzeitkraft in einem IT-Unternehmen meiner Heimatstadt und belegte im Sommer einen Physikkurs. Glen arbeitete in zwei Teilzeitjobs und besuchte Sommerkurse an der Theologischen Fakultät, etwa eine Stunde entfernt von unserer kleinen Universitätsstadt.

Im Juli 2008 veränderte sich dann plötzlich mein gesamtes Leben auf einen Schlag. Ich werde nie vergessen, wie ich durch die Haustür meiner Mutter ging und nun im Flur stand, als sie mir die schlimmste Nachricht überbrachte, die ich mir je hätte vorstellen können. „Glen ist gestorben." Dort auf der Türschwelle fiel ich auf die Knie und schrie nur noch „Nein!". Im Schockzustand nahm ich einen meiner Schuhe und warf ihn so fest ich konnte an die Wand. Es schien der einzige körperliche Ausdruck zu sein, den ich für meinen Zorn, den Schock und Unglauben finden konnte. Glen war weg, unsere gemeinsame Zukunft zerstört, mein Leben würde nie wieder dasselbe sein.

Ohne Maske

Die nächsten paar Stunden nahm ich wie durch einen Nebelschleier wahr. Ich erinnere mich, wie sich meine Familie um mich versammelte, um mich zu unterstützen. Wir riefen meine beste Freundin an, die auf der anderen Seite des Landes lebte, und sie buchte sofort einen Flug, sodass sie noch am Ende desselben Tages ankam. Wie dankbar ich war, sie bei mir zu haben! Sie war eine sofortige Hilfe! Sie erinnerte mich daran, etwas zu essen, beantwortete alle SMS und Anrufe und half bei der Koordination von Details, wenn ich nicht dazu in der Lage war. Es war, als wäre mein Gehirn zu Brei geworden: Ich konnte keinerlei neue Informationen aufnehmen und mich an die grundlegendsten Dinge wie Essen nicht erinnern. Diese ersten Tage hätte ich ohne meine Freunde und Glens und meine Familie nicht überstanden. Sie waren voller Liebe für mich da und unterstützten mich in allem, was zu tun war.

In diesen Tagen wurde ich von meinem Bedürfnis nach Gemeinschaft und Hilfe völlig überwältigt. Mir blieb keine Wahl, ob ich das Bedürfnis zeigen wollte oder nicht, denn ich war nicht in der Lage, es zu verbergen – da war zu viel Schmerz. Wenn ich auf diese Zeit zurückblicke, erkenne ich jedoch, dass die Trauer mich nicht nur zerriss, sondern mich auch beschenkte: mit dem Geschenk meiner Bedürftigkeit. Während der Woche der Beerdigung und der Trauerfeier hatte ich meine Fähigkeit verloren, nach außen hin „in Ordnung" zu wirken. Zum ersten Mal in meinem ganzen Leben kümmerte es mich nicht im Geringsten, vor anderen zu weinen oder dass ich buchstäblich wie ein Häufchen Elend aussah.

In dieser Zeit hatte ich nicht nur von meinem engsten Umfeld, sondern auch von mir selbst die volle Erlaubnis erhalten, keine Maske zu tragen. Ich musste meine Emotionen und Bedürfnisse nicht im Griff haben. Stattdessen erhielt ich als Antwort auf meine Bedürftigkeit von den Menschen um mich herum und von Gott nur Liebe und Unterstützung. Meine Freunde und meine Familie wussten, dass ich in dieser Zeit die volle Erlaubnis brauchte, einfach nur „zu sein", wie auch immer das aussah – ob ich lachte, weinte, schrie, etwas kaputtmachen wollte oder mich einfach zum fünften Mal am Tag hinlegte. Jede Emotion durfte existieren, während sich die Trauer durch mein System arbeitete.

Bewusstes Angewiesensein

Ich nenne meine Bedürftigkeit aus gutem Grund ein Geschenk aus dieser Zeit. Meiner Meinung nach hat uns unsere Gesellschaft dazu konditioniert zu denken, dass wir kein Bedürfnis zeigen dürfen, wenn wir erfolgreiche und gesunde Vorbilder sein wollen. Es gibt diese Vorstellung, dass sich Erfolg durch Unabhängigkeit und Selbstbestimmung definiert. Man muss möglichst alles mit sich selbst ausmachen. Ich habe selbst nach diesen Grundsätzen gelebt und lerne immer noch, anders zu leben, als dieser Glaubenssatz es mir vorschreibt. Durch meine Geschichte – insbesondere durch die Verarbeitung meiner Trauer über den Verlust von Glen – habe ich erkannt, dass es mutig und stark ist, ein Bedürfnis zu zeigen. Ich möchte bewusst auf mein familiäres Umfeld und meinen Freundeskreis angewiesen sein und empfinde dies als sehr erfüllende und erfolgreiche Lebensweise. Wenn wir offen leben und unsere Bedürfnisse sowohl mit Gott als auch mit unserem vertrauensvollen Umfeld teilen, empfangen wir eine Liebe, der wir sonst nicht begegnen würden. Auch während ich das hier schreibe, merke ich, dass es sich zum Teil immer noch unangenehm anfühlt, meine Bedürfnisse zuzulassen, sie ernst zu nehmen und zu teilen. Doch nur so kann ich wahre Heilung und tiefere Intimität sowohl mit Gott als auch mit den Menschen um mich herum erfahren.

Wenn ich auf diesen Sommer 2008 zurückblicke, weiß ich, dass ich zu der Zeit keine Scham für meine Bedürftigkeit empfand, während ich in meinem Meer der Trauer schwamm. Meine Familie und meine Freunde fühlten sich geehrt, eng an meiner Seite zu gehen.

An dieser Stelle ist es mir wichtig zu sagen, dass der Grund, warum ich meine Geschichte teile, keine Tragödie war. Ich möchte stattdessen vermitteln, dass ich genau dann die reinste und schönste Freundschaft und Verbundenheit mit meinem Umfeld und mit Gott erlebte, als ich keine andere Wahl hatte, als mein wahrstes, verletzlichstes Selbst zu zeigen. Meiner Bedürftigkeit wurde mit Liebe, Unterstützung und Mitgefühl begegnet, nicht mit Unverständnis oder Unbeholfenheit. Nun hoffe ich, dass meine Geschichte andere ermutigt, offener und ehrlicher mit ihrem Umfeld zu leben, denn dadurch ist tiefe Heilung möglich.

Was mir dadurch auch klar wurde: Die Community, die du in deinem Leben bewusst um dich sammelst, wird auch diejenige sein, die für dich da ist, wenn das Unvorstellbare geschieht. Meine Community war für mich da! Auch in den Jahren, die folgten, waren meine Freunde und Familie ein großer Segen für mich.

Mit meiner Community um die Welt

Die Wichtigkeit meines direkten Umfelds wurde auch weiterhin zu einem tiefgreifenden Wert in meinem Leben. Im Jahr 2010 wurde ich mit „The World Race" bekannt gemacht, einer elfmonatigen Missionsreise, bei der man bewusst in enger Gemeinschaft mit einer Gruppe reist. Es geht dabei in elf verschiedene Länder, sodass man ca. einen Monat in einem Land verbringt und dort vor Ort in Menschen oder Projekte investiert.

Wir verließen die USA im September 2010 und kehrten im August 2011 zurück. Ich war sehr nervös, diese einjährige Reise mit mir unbekannten Menschen zu unternehmen.

Und doch stellte sich auch hier heraus, dass diese gerade noch fremden Menschen mich mit unerwarteter Liebe und Unterstützung überraschten, wenn ich bereit war, mich verletzlich zu zeigen und mein unmaskiertes Selbst zu offenbaren. Ich weiß, dass das nicht immer gilt und dass auch die Gefahr besteht, verletzt zu werden, wenn wir uns verletzlich machen. Aber es ist immer den Versuch wert, denn der Lohn ist doch in den meisten Fällen wirklich groß!

Während des Jahres, das wir im Ausland dienten, reisten wir auf die Philippinen, nach Kambodscha, Malaysia, Thailand, Ruanda, Kenia, Tansania, Indien, Nepal, Rumänien und in die Ukraine. Wir hatten unzählige sowohl herausfordernde als auch erstaunliche Erfahrungen. Ich bin so dankbar für diese Zeit, denn sie hat mich zu dem Menschen geformt, der ich heute bin – sowohl in meinem Glauben als auch in meinen Werten als Mensch. Wenn du 24/7 reist und dir die meiste Zeit ein Bett (oder einen Baumhausboden) teilst, kannst du dich nicht verstecken, wenn du dich traurig, unwohl oder wütend fühlst. Du musst lernen, wie du mit diesen Emotionen umgehst, während du Teil der Gemeinschaft bist.

Es gab natürlich Momente, in denen ich Zeit für mich allein brauchte, um zur Ruhe zu kommen und aufzutanken. Ich erinnere mich, dass wir als Gruppe ein Zeichen vereinbarten: Wenn jemand Kopfhörer trug, war es ein Signal, dass er für eine Weile in Ruhe gelassen werden wollte. Wir übten uns darin, die Grenzen der anderen zu respektieren und gleichzeitig füreinander da zu sein, wenn jemand Unterstützung brauchte. Es war etwas so Wertvolles und Besonderes, Teil dieser Community zu sein. Uns alle verband, dass wir uns dazu entschieden hatten, unsere Heimat und unseren Komfort zu verlassen, um die Welt zu bereisen und ein Segen zu sein. Unsere gemeinsamen Werte und Ziele brachten uns einander näher. Unsere gemeinsamen Erlebnisse aus dieser Zeit in so vielen verschiedenen Ländern schufen eine einzigartige Verbindung, die uns bis heute erhalten geblieben ist.

Ich könnte ein ganzes Buch füllen mit dem, was wir gemeinsam erlebt haben. Aber vor allem bin ich gewachsen und habe den Eindruck, dass ich auch meine Trauer gut verarbeiten konnte. Ich wurde in meiner Bedürftigkeit geliebt und war gleichzeitig herausgefordert, andere zu lieben und für sie da zu sein.

Um echte Gemeinschaft zu erleben, muss man nicht zwangsläufig auf eine elfmonatige Missionsreise um die Welt gehen. Der Schlüssel für Gemeinschaft ist die Bereitschaft, verletzlich und authentisch gegenüber anderen zu sein. Und gleichzeitig anderen einen sicheren Rahmen zu bieten, damit auch sie sich offenbaren können. Dadurch entstehen Tiefe und Intimität miteinander – eben ein Hauch von Eden.

Neuanfang in Deutschland

Im Oktober 2016 kam ich nach einer längeren Zeit in Nepal beruflich nach Heidelberg. Ich konnte kein Deutsch, nicht einmal „Hallo" oder „Danke" konnte ich sagen. Dieser erste Monat nach dem Umzug war einer der einsamsten meines Lebens, denn ich musste mich in einer neuen Kultur zurechtfinden, in der ich niemanden kannte. Tapfer versuchte ich zu arbeiten, Auto zu fahren, einkaufen zu gehen und im Allgemeinen zu funktionieren, ohne die deutsche Sprache zu sprechen.

Eines Tages rief ich einsam und traurig Freunde aus Kathmandu in Nepal an und sagte: „Ich glaube, ich habe einen großen Fehler gemacht, ich bin hier so allein, wie soll ich das jemals schaffen?" Als Antwort darauf flog eine sehr enge Freundin von mir ein paar Tage später ein und blieb für eine

Woche, um mir zu helfen. Wir bauten Ikea-Möbel zusammen, wir lachten, als ich versuchte, mein Auto in einer schwierigen Garage zu parken, wir machten einfach alles zusammen. Diese eine Woche gab meinem Herzen so viel Kraft und Ermutigung. Ich war nicht allein. In meiner Community in Nepal hatte ich in den letzten Jahren tiefe, bedeutungsvolle Freundschaften aufgebaut. Mit Gottes Hilfe und viel Mut konnte ich es wieder tun. Nachdem meine Freundin wieder abgereist war, entschied ich mich zu bleiben, anstatt aufzugeben und zurück in die Staaten zu ziehen. Ein paar Monate nach meiner Ankunft in Deutschland wurde ich eingeladen, an einem Treffen einer internationalen christlichen Community teilzunehmen. Ich fragte mich, ob ich bereit war, wieder neu meine Geschichte und mein wahres Selbst zu teilen, völlig unkaschiert und ungefiltert. Eigentlich hätte ich dieser neuen Gruppe alles Mögliche zeigen können – sie kannten mich schließlich gar nicht. Ich hätte mich völlig neu erfinden können. Manchmal erscheint das einfacher, als unser komplexes bedürftiges Selbst zu offenbaren. Aber ich entschied mich für Authentizität. Ich zeigte ihnen, wer ich wirklich war und lud diese Menschen ein, im aktuellen Kapitel meines Lebens eine Rolle zu spielen.

Nun bin ich acht Jahre später immer noch hier und fühle mich unglaublich erfüllt. Und schreibe sogar auf Deutsch ein Kapitel für ein Buchprojekt einer lieben Freundin. Ich lebe meinen Hauch von Eden.

Kurzbiografie

Carly (Jg. 1985) kommt aus Ohio, USA, und lebt seit 2016 in Heidelberg. Bevor sie nach Deutschland kam, arbeitete sie für eine Organisation in Kathmandu in Nepal, die sich gegen Menschenhandel einsetzt.

Carlys Herz schlägt für authentisches und ehrliches Leben vor Gott und anderen Menschen. Sie hat ein ansteckendes Lachen und macht sich für Themen wie innere Heilung, Anbetung und soziale Gerechtigkeit stark.

In ihrer Freizeit ist sie gern mit dem Stand-up-Paddle-Board auf dem Neckar unterwegs, wandert mit Freunden und reist sehr gerne. Derzeit arbeitet sie hauptberuflich als IT-Trainerin und hat große Freude daran, ihren Kunden durch Schulungen und den Kundensupport zu helfen.

17 VON PANIKATTACKEN UND GLÜCKSELIGKEIT

Evelyn Szymanski

Angst vor der Angst

Ich kriege keine Luft. Mein Herz pocht wie verrückt. Alles dreht sich. Mir wird übel, ich habe das Gefühl, zu fallen, zu versinken. Meine Muskeln sind über die Maßen angespannt, gleichzeitig fühle ich mich schwindelig, ohnmächtig. Ich kann meine Gedanken nicht mehr kontrollieren, und was mein Verstand mir sagt, dringt nicht zu meinen Gefühlen durch.

Eigentlich bin ich nicht wirklich in Gefahr und trotzdem so gefangen in einer Angst, die mich plötzlich überfällt. Am liebsten würde ich schreien, weil ich diesen Zustand nicht aushalte. Gleichzeitig schnürt es mir die Kehle zu, und ich fühle nur noch Hilflosigkeit und Kontrollverlust.

So oder so ähnlich fühlen sich plötzliche Panikattacken und Angstzustände an. Was ich mir zuvor nicht hätte ausmalen können, habe ich selbst erlebt: mal ausgelöst durch einen äußeren Umstand wie auf engstem Raum in drückender Hitze eingeschlossen zu sein, mal ohne ersichtliche Anlässe.

Es ist schwierig, dieses Gefühl von Kraft- und Wehrlosigkeit, von Ausgeliefertsein und dem Sturz in den Abgrund zu beschreiben. Plötzlich auftretende unerklärliche depressive Verstimmung, Angstgedanken, die mich aus dem Nichts ergreifen und sich hartnäckig halten – im richtigen Bewusstsein würde ich sie sofort als Unsinn oder Irrsinn und auch als Unwahrheit entlarven.

Ein Gefühl von Verlorenheit und Gottverlassenheit. Quälende Gedanken des Zweifels an dem, was man doch eigentlich von ganzem Herzen glaubt und wovon man überzeugt ist. Und dann diese Angst vor der Angst – dass man wieder von einer solchen Welle überrollt wird ... Es sind Momente und Zustände, weit entfernt von Glück und Frieden. Weit entfernt von Eden ...

Die Höhen des Lebens

Und ja, ich kenne auch den Hauch von Eden. Die Höhen des Lebens. Momente, die ich konservieren möchte, weil sie voller Glückseligkeit sind.

Auch in solchen Momenten bleibt mir die Luft weg. „Wow." Mein Herz steht still. Mir fehlen weitere Worte, und auch mein

Verstand kann in diesem Moment nicht mehr als diese drei Buchstaben denken. Nur Staunen und pure Ergriffenheit erfüllen mich angesichts der Schönheit, die sich mir in der Natur bietet. Was für ein Ausblick. Atemberaubend – im wahrsten Sinne des Wortes. Das Licht, das Wasser, die Berge, der Strand, die Farben ... Alles strahlt um mich herum und spiegelt einen majestätischen Schöpfer wider. In mir verbeugt sich alles und betet ehrfürchtig, atemlos und wortlos an.

Mehrfach in meinem Leben wurde ich mit solchen Augenblicken beschenkt, während mein Mann und ich zu traumhaften Orten auf der Welt reisten. Wir durften unbeschreiblich beeindruckende Landschaftsbilder und Momente in Neuseeland und Norwegen, auf den Seychellen und Kapverden, in der Südsee und Karibik, in Südafrika und auf Sansibar sowie an vielen weiteren Orten erleben. Diese Zeiten in unberührter und prächtigster Natur gehören auf jeden Fall zu unvergesslichen Momenten von Eden meines Lebens. Denn ich verspürte Glück und inneren Frieden und eine Nähe zum Himmel, zum Ewigen, zu Gott.

Diese besondere Nähe zu Gott habe ich auch an einem ganz anderen Ort erfahren: im Kreißsaal. Nach meiner Überzeugung ist Gott, mein Vater im Himmel, derjenige, von dem alles Leben kommt und der selbst das Leben ist. Als ich unsere Tochter auf die Welt brachte, bekamen mein Mann und ich ein kleines wundervolles Leben – ein von Gott geschenktes Leben – anvertraut.

Bereits in der Schwangerschaft, die ich sehr genießen konnte und in der ich mich überaus gesegnet gefühlt habe, bin ich der Entbindung voller Zuversicht und Vorfreude entgegengegangen. Nach jahrelangem unerfülltem Kinderwunsch war der Zeitpunkt endlich gekommen, dass ich Mama werden durfte. Und ich war voller Glauben und Erwartung, dass Gott mich auch mit einer wunderbaren Geburt beschenken würde.

Und tatsächlich wurde die Entbindung zu einer unvergleichbar schönen und sehr kostbaren Erfahrung, für die ich aus tiefstem Herzen dankbar bin. Ich weiß, dass manche Frauen traumatische Dinge rund um eine Geburt erleben. Es ist nicht selbstverständlich, dass eine Entbindung zu den schönsten Erfahrungen im Leben einer Frau zählt.

Die Atmosphäre im Kreißsaal war geprägt von unserer mitgebrachten Playlist beruhigender, Mut machender, Jesus-zentrierter Lieder. Jesus begleitete mich während der verschiedenen Phasen der Geburt, griff konkret ein, schenkte mir Mut, außergewöhnlichen Frieden und die nötige Kraft. Ich fühlte Stärke und Freude und war frei von Angstgefühlen oder negativen Gedanken.

Schließlich durfte ich unsere Tochter ohne Komplikationen, in sehr kurzer Zeit und schmerzfrei zur Welt bringen. Welch ein glückseliger Moment, als ich mein Kind zum ersten Mal sehen, berühren, riechen, küssen und in meinem Arm und an meiner Brust halten durfte.

Der nächtliche Tanz

Einen ganz anderen Hauch von Eden erlebte ich, als ich ihn am wenigsten erwartete und die Umstände bei Weitem nicht günstig schienen:

Es war Winter im dunklen und kalten Deutschland. Weder sah es um mich herum nach Eden aus, noch fühlte es sich in meinem Inneren zufrieden und glücklich an. Schlaflos lag ich in dieser Nacht im Bett. Körperlich war ich absolut erschöpft, mir tat alles weh, und ich war extrem müde. Außerdem spürte ich eine starke Unruhe in mir und war aufgewühlt. Destruktive Gedanken, Zweifel und Dunkelheit machten sich in mir breit sowie Traurigkeit über das, was weltweit gerade an schrecklichen Dingen geschah. So vieles davon verstand ich nicht und konnte nur schwer damit umgehen. Ich fühlte mich wie gelähmt.

Plötzlich verspürte ich einen starken Drang, mich im Bett aufzurichten. Ich setzte mich hin und entschied mich zu beten, zu danken. Ich dankte Gott für alles, was mir gerade einfiel, angefangen bei kleinen Dingen wie meinem warmen Bett, bis hin zu großen Wahrheiten, wie dass Gott die Kontrolle hat und nichts und niemand seine Güte und Macht erschüttern kann. Ich betete nicht in Gedanken, sondern sprach die Worte flüsternd aus. Die Klarheit, die sich in mir daraufhin ausdehnte, überraschte mich selbst. Nach einer Weile verspürte ich keine Schwäche mehr. Mein Danken und mein Gebet wurden immer kraftvoller, und ich fing sogar an, meine Hände auszustrecken, um Gott auszudrücken, dass ich mir seiner Anwesenheit bewusst war.

Dabei war ich über mich selbst erstaunt. Dieser Wandel meines körperlichen und seelischen Befindens von vorhin kam ganz sicher nicht aus mir selbst heraus. Ich, die ich mich zuvor noch so kraftlos gefühlt hatte, spürte eine Stärke und Motivation, die mich aufstehen und in unser Wohnzimmer gehen ließ. Ich hörte in meinem Herzen, wie Jesus mich einlud: „Komm, lies in der Bibel." Er nannte mir ein bestimmtes Buch, und dann lief ich mit der Bibel in der Hand laut lesend durchs Wohnzimmer. Die Passagen, die ich las, hatten mir viel zu sagen. Jesus fing an, zu mir zu sprechen und gab mir Impulse, Antworten auf meine Fragen, zeigte mir Schwerpunkte für die kommenden Monate meines Lebens auf – da passierte so viel. Auf einmal bekam ich eine Perspektive, eine neue Sicht. In mir wuchs Glaube, in meinem Inneren wurde es hell, Licht und Hoffnung erfüllten mich.

Dann ließ ich Lobpreismusik abspielen und sang aus tiefstem Herzen mit. Ich war ganz auf Jesus ausgerichtet und lobte ihn für das, was er ist und was er kann. Während dieser Zeit wurde ich so mit Freude erfüllt, dass ich es kaum beschreiben kann. Mein Herz tanzte, und mein Körper wollte es ebenfalls ausdrücken. Ich gab diesem Bedürfnis Raum und fing an, durch unser Wohnzimmer zu tanzen.

Welch ein extremer Gegensatz dazu, wie ich mich zuvor im Bett noch gefühlt hatte. Gottes Gegenwart war da. Der Himmel kam auf mein Fleckchen Erde, und der Ort, an dem ich stand – oder tanzte –, verwandelte sich. Nicht in meinem Außen, aber in meiner inneren Wahrnehmung. Gottes Nähe durchflutete mein Herz, und ich war ausgefüllt von seiner Liebe und der Geborgenheit, die er schenkt. Ich wusste mich am besten Ort, den es nur geben kann. Sicherheit. Freiheit. Für immer wollte ich bleiben. Ich war genau dort, wo Gott mich haben wollte: in seiner Nähe.

Diese Erfahrung übertraf alle meine bisherigen Glücksmomente. Ich hatte in meinem Leben schon eine Vielzahl an Gottesbegegnungen gehabt. Aber das Erlebnis in dieser besonderen Nacht machte mir neu klar, dass das Erfahren der Nähe Gottes völlig unabhängig von äußeren Faktoren ist. Sie ist jederzeit und an jedem Ort zugänglich.

Meine Überzeugung hat sich bestärkt, dass ich mein wahres Glück, meine Erfüllung nur in Gott finden kann. Denn er ist der Einzige, der konstant ist, der über allen Umständen steht, sich nicht ändert und immer derselbe bleibt. Er ist mein unerschütterlicher Halt, wie auch immer es in meinem Außen oder meinem Innen aussehen mag. Er ist mein sicherer Zufluchtsort, bei dem ich jederzeit willkommen bin, mich zu bergen. Bei ihm darf ich sein, egal, was ist und nicht ist, was war und nicht war, was ich mitbringe und nicht mitbringe. Gottes Nähe ist mit nichts anderem vergleichbar.

Beglückende Nähe

„Für mich aber ist Gottes Nähe beglückend!" (Psalm 73,28; NGÜ).

Wenn mich wieder einmal plötzliche Angstgedanken eiskalt umklammern und mir die Luft zum Atmen abschnüren, strecke ich mich nach Gottes Nähe aus. Ich beginne zu danken, fokussiere mich darauf, wer und wie er ist und öffne mich für seine Stimme. So oft habe ich es schon erlebt: Er spricht ein Wort, und der Sturm in mir wird still. Mein Herz wird erfüllt von einem übernatürlichen Frieden. Diese Art von Frieden kann ich nicht selbst produzieren. Er ist nichts, was ich mir erarbeite oder durch positives Denken herbeiführe. Er ist ein Geschenk. Ich darf in Gottes Gegenwart ruhen – welch ein Privileg und Hauch von Eden.

Ich habe Berichte von Menschen gehört, die krank und hungrig in kalten, dunklen Gefängniszellen saßen. In der Enge ihres Verlieses unterhalb der Erdoberfläche hatten sie wundersame Begegnungen mit Jesus. Seine Nähe brachte ihnen so viel Licht und Wärme, Hoffnung und Herrlichkeit in ihre erbärmlichen vier Wände, dass sie sich wie im Himmel, im Garten Eden fühlten. An ihren äußeren Umständen hatte sich nichts verändert, aber sie waren dermaßen ausgefüllt, dass sie nichts anderes wollten oder brauchten. Gott war ihnen nahe und das genügte.

Solche Begegnungen mit Gott will ich in meinem Leben immer wieder suchen – ob meine Umstände gerade angenehm oder unangenehm sind. Sie sind das, was ich am meisten brauche – sie machen den Unterschied. Sie sind mein größter Schatz. Sie sind für mich der wahre Hauch von Eden.

„Du wirst mir den Weg zum Leben zeigen und mir die Freude deiner Gegenwart schenken. Aus deiner Hand kommt mir ewiges Glück" (Psalm 16,11).

Kurzbiografie

Evelyn (Jg. 1983) lebt mit ihrem Mann und ihrer Tochter in Mittelhessen.

Sie vereint in ihrer Persönlichkeit Kreativität und Struktur, was ihr hilft, sowohl bei ihrer Arbeit in einer Medienakademie als auch in ihrem ehrenamtlichen Engagement in einer Freikirche produktiv zu sein. Sie liebt es, als Teil eines „großen Ganzen" etwas zu bewegen und mitzugestalten. Wie sehr sie kreative Ausdrucksformen schätzt, spiegelt sich auch in ihrer Freizeitgestaltung wider, z. B. beim Mitwirken bei großen Musical- und Chorprojekten, die ihr viel Freude bereiten.

18 VOM INTENTIONALEN LEBEN

Tamara Dinger

Freude an Bewegung

Bewegung und Freude waren für mich schon immer eine Einheit. In meiner Kindheit war es noch Fußballspielen mit meinen Brüdern, heute liegt der Schwerpunkt auf körpereigener Fitness, aufgebaut auf den grundlegenden Bewegungsmustern (Calisthenics). „Durchpowern“ – so bin ich mit meinen Brüdern aufgewachsen, und das macht mich aus. Wenn ich an einem Tag squashen, Fußball spielen, eine Radtour machen oder bouldern gehen kann, macht mich das lebendig, und ich zehre noch Wochen von solcher Art Aktivitäten.

Bewegung ist für mich wie eine Welt, in der ich mich frei fühle, in der ich mich austoben kann. An meine körperlichen Grenzen zu gehen, mir etwas zuzutrauen, mich völlig zu verausgaben – es macht etwas mit mir, weil es mir das Potenzial aufzeigt, das in mir steckt! Ich darf spüren, wozu mein Körper fähig ist und welche Kraft Gott in mich gesteckt hat, physisch, aber auch psychisch.

Powervoll leben

Bis zum Ende der Schulzeit ist der Lebensweg ziemlich festgelegt: Kindergarten, Grundschule, weiterführende Schule, Abschluss. Und dann? Plötzlich steht die Welt offen. Entscheidungsfreiheit bringt immer auch eine Verantwortung mit sich. Für mich war klar, dass ich ein Jahr im Ausland verbringen möchte. Als mir das Jahr im Ausland so gut gefiel und ich die Möglichkeit hatte, noch ein zweites Jahr dranzuhängen, stand ich vor einer herausfordernden Entscheidung: Mein jetziger Mann Markus und ich haben uns zwei Wochen vor meinen Abiturprüfungen zum ersten Mal gesehen und fanden uns direkt interessant und anziehend. Nichtsdestotrotz bin ich drei Monate später nach Kalifornien gereist, um dort mein Auslandsjahr zu verbringen. Das Jahr war geprägt von genialem Wachstum für mich und von zahlreichen Facetime-Calls, Briefen und Chatnachrichten.

Als ich wieder zurück nach Deutschland kam, verbrachten Markus und ich viel Zeit zusammen und unternahmen viel miteinander. Diese intensive Zeit erschwerte mir die Entscheidung, für ein weiteres Jahr nach Amerika zu gehen, enorm. Es folgte ein langes, dramatisches Gefühlschaos. Ich flog letztlich zwar wieder nach Kalifornien, doch in den ersten vier Wochen dort dachte ich nonstop darüber nach, direkt wieder zurück nach Deutschland zu gehen. Diese Unentschiedenheit machte mich fertig. Erst als ich endgültig entschied zu bleiben, fand ich Frieden und konnte meine Zeit dort wieder genießen.

Was lernte ich daraus? Unentschiedenheit legt uns lahm und nimmt uns die Freude und das Potenzial eines jeden neuen Tages. Es ist also gut, Entscheidungen zu treffen und diese nicht zu lange hinauszuzögern oder aber zu viele Menschen nach ihrem Input zu fragen. Oft weiß unser Herz bereits, was es möchte, doch wir hören nicht darauf, weil wir damit beschäftigt sind, die Ratschläge aller Menschen um uns herum zu befolgen.

Diese Zeit in Kalifornien war der große Startschuss für mein Lebensprinzip „powervoll zu leben". Ich hatte den Eindruck, das Thema verstanden und umgesetzt zu haben. Doch als ich nach dem zweiten Jahr zurück nach Deutschland kam, über den Sommer wieder bei meiner Familie wohnte und auch viel mit Markus unternahm, merkte ich plötzlich, wie Triggerpunkte gedrückt wurden, die ich in Amerika für gar nicht existent gehalten hatte. Hinzu kam, dass ich mich für ein Studium entscheiden wollte, aber diese Entscheidungsfindung mal wieder komplexer wurde als geplant. Was für ein Rückschlag. Ich lebte wohl doch noch nicht so powervoll, wie ich dachte, und die Unentschiedenheit hatte mich wohl doch nicht so viel gelehrt, wie ich dachte.

In Amerika hatte ich zwar Freunde um mich herum gehabt, aber nicht Freund und Familie, die mir näherstehen als jeder andere und damit Triggerpunkte bei mir betätigen konnten, auf die andere Personen keinen Zugriff hatten. In Amerika bin ich nicht gereizt aus der Haut gefahren – zurück in Deutschland schon.

Doch warum hatte ich überhaupt Triggerpunkte? Was hatten Triggerpunkte mit einem powervollen Leben zu tun? War es powervoll, wie ein Minenfeld aufgebaut zu sein und meinem Gegenüber die Schuld zu geben, wenn er auf eine Mine tritt? Wem gab ich die Verantwortung für meine Gefühle?

Immer wieder fand ich mich verstrickt in unguten Glaubenssätzen wieder: „Meine Umstände geben mir das Recht, so zu reagieren und laut zu werden!" „Andere Menschen haben das Recht, in meinen Verantwortungsbereich einzudringen und meine Gefühle für mich zu wählen."

Waren diese Glaubenssätze powervoll? Oder hatten sie vielmehr mit einer Opfermentalität zu tun, in der ich versuchte, mich mit allen Mitteln zu verteidigen, mir Gehör zu verschaffen und anderen die Verantwortung für meine gewählten Gefühle zu geben? In diesem Prozess wurde schnell klar, wie wichtig es für mich war, mir Zeit für mich selbst zu nehmen, um meine Lebensprinzipien, powervoll zu leben und meinen Lebensstil zu kultivieren, voll auszuleben.

Es ist, als würde meine innere Melodie auf die äußeren Instrumente und auf Gottes Rhythmus treffen. Zusammen ergeben sie einen Einklang, der einen wunderschönen Sound kreiert. Ein Sound, der wie ein Hauch von Eden klingt.

Ein Puls wird zum Herzensthema

Nach meiner Zeit im Ausland ging es für mich ans Studieren und Arbeiten als Textilingenieurin. Schon zu diesem Zeitpunkt schlummerte in meinem Herzen der Wunsch, mich im Fitnessbereich selbstständig zu machen. So kam es auch, dass ich bereits während meines Textilstudiums Lizenzen im Fitnessbereich erwarb und damit anfing, Fitnesskurse zu geben.

Mit der Geburt unseres ersten Sohnes ging ich nach zwei Jahren im Textilunternehmen in Mutterschutz und wagte den Schritt: Ich meldete während der Elternzeit meine Selbstständigkeit als Trainerin im Bereich Personal Training, Gruppentraining und prä- und postnatalem Training an. Da mein Mann auch selbstständig ist, können wir unsere Tätigkeiten und unser Familienleben gut miteinander kombinieren.

Meine Leidenschaft gilt jedoch weitaus mehr als der puren Bewegung. Mir ist es sehr wichtig, dass mein Training und meine Begleitung von Ermutigung und Inspiration geprägt sind und die ganze Person – Körper, Seele, Geist – im Blick hat. Es gilt, meinen Klientinnen und Klienten zu einem „powervollen" und ganzheitlich gesunden Lebensstil zu verhelfen: meine wichtigsten Ansätze als Fitness- und Personaltrainerin.

In der Beschäftigung mit diesen Themen haben sich Lebensprinzipien herauskristallisiert, die mir wichtig geworden sind. Eins dieser Herzensthemen ist es, dass ich von Gott höchstpersönlich die Fähigkeit dazu bekommen habe, powervoll zu leben. Mein Schöpfer selbst hat mir mein Leben anvertraut und mir die Kraft und die Macht gegeben, in einer guten Weise zu leben, es zu verwalten und zu managen. Ich habe erkannt: Wir Menschen sind keine Fähnchen im Wind und unseren Umständen nicht kraftlos ausgeliefert. Stattdessen dürfen wir unser Leben mit Intention und Leidenschaft selbst gestalten – im Kleinen und im Großen. Es ist ein Vorrecht, und wir sind dafür ausgestattet, das Leben kraftvoll zu gestalten.

Ganzheitlich leben

Oft sehe ich Menschen, die scheinbar nur in einem Bereich ihres Lebens erfolgreich sind, während andere Aspekte darunter leiden. Wenn die Karriere glänzt, leidet oft die Familie.

Wenn das ehrenamtliche Engagement stimmt, werden Körper und Gesundheit vernachlässigt. Aber ist das Gottes Herz für unser Leben? Oder gibt es doch die Möglichkeit, ganzheitlich gesund zu leben? Gesund in Bezug auf unseren Körper, unsere Seele, unseren Geist. Familie, Beruf, soziales Engagement, Fitness und Ernährung, Freundschaften, Herzensträume und Leidenschaften ... das alles gut unter einen Hut zu bringen und das ein Leben lang, auf kontinuierliche Weise? Ist das nicht ein bisschen zu hoch gegriffen? Setzen solche Erwartungen uns nicht eher unter Druck? Ich bin davon überzeugt, dass es der Wunsch des Schöpfers für uns Menschen ist. Aber wir müssen das nicht allein managen. Er, Gott selbst, garantiert uns seinen Beistand, seine Anleitung, seine Unterstützung, er ist unser größter Personal Trainer!

In meinen Augen sind körperliche Bewegung und das Auspowern absolut in Gottes Sinn. Ich denke, es gehörte auch zum Garten Eden. Rennen, klettern, tanzen, spielen, durchpowern – keine Option, sondern eine göttliche Idee. Gott hat unseren Körper für Bewegung und die damit verbundene Freude und Befriedigung geschaffen.

Keiner von uns kann es sich leisten, seine körperliche Fitness zu vernachlässigen, wenn wir noch mit 60 oder 70 Jahren mit unseren Enkeln herumspringen möchten, unsere Leidenschaft leben und andere Menschen damit beschenken möchten. Wir können nicht auf Kosten unserer Werte unser Leben führen – unser Gewissen und unsere Seele gehen darunter zugrunde. Wir können unseren Geist nicht unberührt lassen, denn das ist der Treffpunkt mit unserem Schöpfer, der unserem Leben erst Sinn gibt.

Intentional leben

In der Schnelllebigkeit des Alltags ist es oft schwer, mitten in vielfältigen Herausforderungen seine Vision klar im Blick zu behalten. Ein empfehlenswertes Tool, damit das gelingt, ist ein „Mission-Statement“. Mein Mann und ich haben uns Zeit genommen, um zu formulieren, mit welchen Werten und mit welcher Vision wir unser Leben führen möchten. Dieses Mission-Statement hängt in unserem Wohnzimmer und erinnert uns an unsere Identität, an unsere Familien- und Beziehungskultur, an unsere Werte und unsere Leidenschaft.

Jeden Tag kommen eine Vielzahl Entscheidungsmöglichkeiten auf uns zu: Was ziehe ich an? Was und wann esse ich? Wie reagiere ich auf Menschen, die mich herausfordern? Wie gehe ich mit meinem Partner um? Wie viele Termine passen noch in diese Woche rein? Wozu sage ich Ja und wozu Nein? Wenn es darum geht, Entscheidungen zu treffen, ist es hilfreich, Wegweiser zu haben. Für mich sind diese Wegweiser meine Werte: Glauben, Familie und Ehe, Gesundheit (Körper, Seele, Geist, gesunde Grenzen), das Verständnis vom Powervoll-Sein, Langfristigkeit. Von diesen fünf Werten soll mein Leben geprägt sein.

Eine Option, die gegen meine Freundschaft mit Gott oder gegen meine Ehe spricht, ist für mich keine Option. Das Ja zu meinen Werten bedeutet auch häufig, Nein zu anderen Dingen zu sagen. Unser Mission-Statement und meine Werte vereinfachen somit meine Entscheidungsfindung hin zu einem powervollen Leben.

Zu Beginn des neuen Jahres nehmen mein Mann und ich uns Zeit, um das vergangene Jahr zu reflektieren und für das neue Jahr zu träumen und zu planen. Über die Jahre begleiten uns festgesetzte Bereiche, in denen wir stetig wachsen möchten. Das garantiert uns, dass wir unser Gott gegebenes

Potenzial nicht verschwenden, sondern nutzen und ausbauen – Gottes Idee für die Menschen im Garten Eden.

Jede Woche haben wir dienstags unsere *Dream Night*. Hier stoppen wir das Hamsterrad des Alltags und schaffen bewusst Raum für Verbundenheit: Verbindung mit unserem eigenen Herzen, miteinander und Verbindung mit Gott. Wir schreiben Erlebnisse nieder, ermutigen uns gegenseitig und teilen unsere Herzen miteinander. Wir träumen mit Gott, führen aber auch Inventur durch! Und wir fragen uns: Laufen wir noch in die richtige Richtung? Agieren wir als starkes Team, das sich anfeuert? Entsprechen unsere Glaubenssätze und Gewohnheiten unseren Werten? Was versuchen wir mit unseren Ausreden zu bezwecken? Wir können nur ein ganzheitlich gesundes Leben führen, wenn wir unseren Fokus im Blick behalten.

Dieser Fokus kommt meinen Personal Trainings zugute, in denen ich Menschen ermutigen, unterstützen und herausfordern möchte. Dabei arbeite ich viel mit Fragen, denn diese sind ein gutes Tool, um eine Person in ihrer Kraft zu stärken.

Durch Fragen gebe ich die Verantwortung für eine Situation immer der Person selbst zurück, denn ihr gehört auch die Verantwortung für ihre Situation. Ich als Personal Trainer kann nichts ändern, ich kann nur begleiten. Je mehr ich mit verschiedenen Kunden zusammenarbeite, desto deutlicher wird, dass für jeden von uns eine große Spanne besteht zwischen den Bequemlichkeiten des Lebens und dem, was wir uns wirklich wünschen. Egal, in welchem Lebensbereich: Ohne Invest kommt kein positives Resultat. Ob in Beziehungen, für den Körper, für die Seele, im Job, in deiner Leidenschaft oder für deinen Lebenstraum.

Die Spannung aushalten

Auch ich finde mich immer wieder in Spannungen wieder. Wenn mein Mann nachmittags arbeitet, bin ich mit unseren beiden Söhnen zu Hause. Die Hälfte meiner Gedanken schwebt um mein Fitnessbusiness, die andere Hälfte um unsere Kinder. Jeden Nachmittag stehe ich der Entscheidung gegenüber, ob ich für meine Söhne präsent bin, mit ihnen spiele und ihnen die Welt erkläre, oder ob ich nur halb anwesend bin, die Kinder für sich spielen sollen und ich E-Mails beantworte, Research durchführe und Vorbereitungen für meine Kurse und Personal Trainings treffe. Wenn ich mir nachmittags keine Zeit für mein Business nehme, mache ich es dann abends, wenn mein Mann wieder nach Hause kommt? Wann haben wir dann Präsenzzeit zusammen? Was ist hier jetzt die ganzheitlich gesunde und richtige Entscheidung?

Während ich vor der Geburt unsere Söhne immer drei Mal die Woche Sport gemacht habe, schaffe ich es momentan manchmal an keinem einzigen Tag in der Woche. Stattdessen kombiniere ich meine Sporteinheiten mit den Kursen, die ich gebe. Ist das die richtige ganzheitlich gesunde Entscheidung? Ich denke, dass es keine allgemeingültige Antwort für jedes individuelle, ganzheitlich gesunde Leben gibt. Unsere Entscheidungen sollten sich je nach Lebensphase flexibel gestalten. Umstände ändern sich und erfordern einen umgestellten Rhythmus und veränderte Abläufe. Bevor wir Kinder hatten, war Effizienz ein hoher Wert, und Zeitverschwendung kam nicht in Frage. Nun stehe ich manchmal zehn Minuten an einer Stelle, um eine Blume zu begutachten, die die Aufmerksamkeit meiner Kinder gefangen hält. So etwas hätte ich früher allein nicht gemacht. Jetzt ist es mir ein hoher Wert, Zeit mit meinen Kindern zu verbringen.

Es verlangsamt tatsächlich mein Leben, zur Geschwindigkeit meines Kindes Ja zu sagen und damit okay zu sein.

Fragen und Spannungen auf dem Lebensweg erlebt jeder – und manchmal gibt es auch keine Lösung für eine Spannung, nur das Aushalten. Doch auch im Sport ist es so, dass Muskeln gestärkt werden, wenn wir bereit sind, Spannungen auszuhalten. Gott präsentiert uns nicht immer direkt Antworten oder Lösungen. Er hat ein viel größeres Interesse, nämlich dass der Muskel unseres Herzens und das Vertrauen zu ihm gestärkt werden. Und während wir die Spannung aushalten, hat er uns im Blick und ermutigt uns. Wie ein Personal Trainer!

Es ist meine Leidenschaft, Menschen zu zeigen, dass sie nicht Opfer sind, sondern powervoll und proaktiv leben können. Das heißt nicht, dass unser Leben perfekt laufen muss. Es geht um das Bewusstsein, wie wertvoll es ist, mit einer Vision zu leben. Verantwortung zu übernehmen. Aktiv zu handeln und kraftvoll und kontinuierlich an Dingen dranzubleiben. Das ist powervoll. Da spüre ich einen Hauch von Eden – so wie es ursprünglich gedacht war.

Kurzbiografie

Tamara ist mit fünf Brüdern in einem Dorf aufgewachsen und hat die Liebe zur Natur und zu Aktivitäten schon früh entdeckt. Während ihres Studiums als Textilingenieurin hat Tamara Lizenzen im Fitnessbereich absolviert. Mittlerweile ist sie zertifizierte Personal- und Fitnesstrainerin und ist auch viel freiberuflich im prä- und postnatalen Fitness unterwegs.

Seit 2016 ist sie mit Markus verheiratet, zusammen wohnen sie in Altdorf und haben zwei Kinder. Als Familie reisen sie gerne, verbringen viel Zeit mit Familie und Freunden und lieben es, in Menschen zu investieren.

Weitere Infos unter: www.tamaradingerfitness.wixsite.com

19 VON DER UNERLÄSSLICHEN PAUSE

Lin Dahlbach

Sometimes the memories flood my mind.
Then I stop everything and just smile.

Manchmal fluten Erinnerungen meine Gedanken.
Dann halte ich inne und lächle einfach.

Meine halbe Stunde

Endlich sitze ich. Und atme durch. Meinen geliebten Flat White in der Hand. Er ist noch heiß, klappt nicht immer, aber heute ist der Schaum perfekt. „Die nächste halbe Stunde gehört uns, Baby." Meine Hände umschließen das Kaffeeglas. „Bleib", denke ich mir, „bitte werd' niemals alle." Denn dann ist sie vorbei: meine Zeit, meine Atempause am Tag, meine geliebte tägliche Siesta.

Es ist nur ein Kaffee in einem schlichten Glas, aber für mich ist es mehr: Leertaste. Die Zeit, in der ich meinen Flat White trinke: so kurz, so wichtig. So leise und doch so kraftvoll – kraftgebend. Meine Chance, die Zeit anzuhalten, einfach mal auf Pause zu drücken. Den Zustand zu genießen, in dem sich mal nichts bewegt, in dem ich nichts bewege.

Denn in mir drin bewegt sich genug. Meine Hände an diesem heißen Kaffee wärmend gebe ich mir endlich die Ruhe, in mich hineinzuhören und zu spüren, wie fix und alle ich von dem permanenten Trubel mit meinen drei geliebten Kindern bin. Nehme die vielen To-dos und kreativen Ideen wahr, die auch heute wie so oft in meinem Kopf umherschwirren. Spüre die Sehnsucht danach, endlich mal alles geschafft zu haben. Anzukommen. In innerem Frieden zu sein, obwohl außen nicht immer alles gut ist. Ich bemerke auch die Dankbarkeit darüber, wie weit wir gekommen sind – dass die vielen großen und kleinen Krisen des letzten Jahres langsam abebben, sich meine Gedanken wieder öfter um die Dinge drehen, die mich selbst tangieren und lebendig machen, und weniger um die Frage, wie wir das mit dem Älterwerden unserer Eltern bewältigen, wie wir in all dem Kümmern genug Geld zum Leben verdienen können, und wie wir es schaffen können, dass unsere Kraft für den crazy Alltag reicht. Und auch noch etwas für uns übrigbleibt.

Frieden, der da ist, auch wenn es im Leben wackelt, das ist für mich der entscheidende Moment, ein Hauch von Eden. Der rote Faden in meinem Leben.

Dieser Frieden hat mich auch gerettet, als mein Mann und ich – früher als gedacht – bereit für ein Baby waren und dieses ersehnte Baby aber einfach nicht kam.

Tränen im Kaffee

Keine Schwangerschaft. Trotz tiefer Liebe zueinander, trotz ernstgemeinter Stressreduktion, trotz Easy-Bleibens, Es-nicht-zu-sehr-Wollens und trotz all der vielen gut gemeinten Ratschläge, die man zu hören bekommt, wenn man nach zehn Jahren ungewollter Kinderlosigkeit immer noch „nur" zu zweit ist. Keine Schwangerschaft. Nie habe ich mich so verlassen gefühlt wie in diesen Jahren. So geprüft. So herausgefordert, trotz meiner – unserer – so schmerzhaft ungestillten Sehnsucht nach einer Familie, das Leben doch zu gestalten, zu leben und zu feiern. Und darin auch ohne Kind einen Sinn zu erkennen. Wie oft habe ich in diesen Jahren in meiner Siesta in den Kaffee geweint. Weil es plötzlich leise in mir wurde. Und ich hören konnte, wie mir mein Vertrauen in Gott zuflüsterte, dass alles gut werden würde. Irgendwie und irgendwann.

Wann es anfing, weiß ich nicht, doch so wie ein Kind in einer biologischen Schwangerschaft heranwächst, wuchs der Wunsch in uns als Paar heran, auf dem Weg der Adoption Eltern zu werden. Diese „emotionale Schwangerschaft" war nicht nur aufregend, sondern auch filigran und mit ständiger Angst verbunden, das vielleicht doch niemals ein Kind zu uns kommen würde. Aber es kam zu uns – **sie** kam zu uns – unsere geliebte erste Tochter, die wir als kleines Baby adoptieren durften. Und die uns zu Eltern machte. Plötzlich durfte und musste ich um meine Kaffee-Siesta kämpfen, sie mir nehmen, mir die Zeit dafür organisieren. Inmitten des unsagbaren Geschenks, Mutter dieses traumsüßen Mädchens geworden zu sein: Innehalten. Standortbestimmung. Was ist passiert, warum darf ich dieses Glück erleben, bleibt alles gut? Kann mein Herz so viel Glück ertragen oder dreh ich durch? Meine Siesta wurde zur Ruhe im Glück. Um mich darin nicht zu verlieren, um Kraft zu tanken für die neue Aufgabe und Rolle, die ich hatte. Auch Glück muss verarbeitet werden. Nicht selten wurde mein Kaffee im ersten Babyjahr kalt, weil ich in meiner Pause vor Baby-Glück und Erschöpfung eingeschlafen war.

Knapp drei Jahre später. Und wieder mit einem schaumigen Flat White auf derselben Kord-Couch. Und wieder ein neues kostbares Familiengeschenk in meinem Arm: Unsere zweite Herzenstochter, die wir adoptieren durften, lag bildhübsch und pappsatt auf meiner Brust, und es zerriss mich fast vor Dankbarkeit und Liebe. Kaum Zeit, mit den beiden kleinen Kindern zu irgendwas zu kommen, geschweige denn, mein doppeltes Familiengeschenk innerlich zu verarbeiten, brach ich vor Überwältigung manchmal buchstäblich zusammen, geschüttelt vor Weinen über die Erfüllung meiner Träume. Das Glück kam in so einer Wucht, dass es mich fast umriss.

Zwei Striche

Als ich vier Jahre später merkte, dass ich durchaus Lust auf meine (nach wie vor) geliebte tägliche Siesta hatte, der Kaffeeduft mir allerdings den Magen umdrehte, rechnete ich mit allem, aber nicht mit einer Schwangerschaft. Das Thema war durch, wir waren mit unseren zwei Töchtern wunschlos glücklich. Doch es war wahr: Die ersten zwei Striche auf dem Schwangerschaftstest *ever*. Und – im Gegensatz zu den sturmglücklichen Gefühlen bei der Adoptions-Ankunft unserer beiden Töchter – war unser drittes Babywunder eher leise und viel langsamer unterwegs. Immerhin hatten wir dieses Mal neununddreißig Wochen Zeit, uns auf unseren kleinen Babyboy einzustellen – dachten wir zumindest. Ein stilles friedliches Glück, das ich bei viel Tee (*no coffee for me, please*) auf dem Sofa genießen konnte. Und dabei wieder dieses kindliche Vertrauen in einen großen Gott suchte, das ich doch so gut kannte und jetzt wieder einmal so dringend brauchte: Unser Sohn war zu zart, und nach Zwischenblutung in der 23. Schwangerschaftswoche kam die Frage auf, ob er frühzeitig geholt werden musste. In der 34. Schwangerschaftswoche wurde dann nach vielen Stunden einsamer Wehen im Krankenhaus unser wundervoller Sohn in einem eiligen Kaiserschnitt aus mir rausgerettet. Er hätte es sonst nicht geschafft. Mit seinen 1800g Leichtgewicht musste er erst einmal allein in die Neonatologie.

Die Zerrissenheit zwischen meinem kleinen Jungen im Krankenhaus und meinen Töchtern zu Hause bei meinem Mann, die mir völlig neue hormonelle und körperliche Komponente des Kinderkriegens, eine mich anschließend zermürbende Stillkrise, dann der neue Multitasking-Alltag mit drei kleinen Kindern – *too much*. Als dann noch meine geliebte Schwiegermama an Krebs starb und kurz darauf die Coronakrise begann, wurde mein Vertrauen in Gott so intensiv auf die Probe gestellt, dass sich – gefühlt im freien Fall – manchmal alles um mich drehte, im übertragenen wie auch im wortwörtlichen Sinne. Und ich nur in den Zeiten, in denen ich still bei Gott war – mit oder ohne Kaffee – Frieden fand.

Mittlerweile ist vieles wieder ruhiger. Andere Themen wie die durchaus herausfordernde Balance zwischen Job und Familie, die Pflege meiner Freundschaften in dieser wuseligen Lebensphase oder auch die Frage, wie ich meine Kinder in dieser manchmal so gefährlich scheinenden digitalen Welt sicher und stark machen kann, beschäftigen mich. Meine Siesta ist dabei nach wie vor mein Anker – im Stress und im Glück. Meine Erinnerung, zu vertrauen.

„Sometimes the memories flood my mind. Then I stop everything and just smile," steht auf einem Poster, das ich vor einigen Jahren aus einer Zeitschrift herausgerissen habe und das sichtbar bei uns im Flur hängt. Im Alltag husche ich meist dran vorbei. Aber hier in meiner Zeit, meiner Atempause am Tag, meiner geliebten täglichen Siesta, komme ich genau an diesem Punkt an. Erlebe in der Dauer meines Kaffees meinen Hauch von Eden in all dem alltäglichen und nicht-alltäglichen Trubel.

Then I stop everything und just smile.

Kurzbiografie

Lin (44 Jahre) ist in Berlin geboren und aufgewachsen. Sie ist mit ihrer Jugendliebe verheiratet und feiert das jeden Tag. Die Abenteuer mit ihren drei Wunder-Kindern, für die sie jeweils mindestens dreizehn Spitznamen hat, rocken sie und ihr Mann gemeinsam.

Lin arbeitet nach einer langen Elternzeit als Sozialmanagerin. Die Kombi aus Beruf und Familie funktioniert richtig gut – Infektphasen mal ausgenommen.

In ihrer renovierungsbedürftig übernommenen Mietwohnung tobt sie sich in ihrer Leidenschaft, dem Interior Design, aus. Zwar in finanziellen Grenzen, aber die Bude wird immer schöner. Lin liebt individuelle Cáfes und beschäftigt sich viel mit der Frage nach dem „Immer höher, schneller, weiter" und wie man dem entkommen kann.

20 VOM SCHÖPFEN UND NICHT LEERLAUFEN

Elsbeth Koch

Begegnung im Schwimmbecken

Seit einigen Monaten ging ich regelmäßig zum Schwimmen. Ich liebe dieses Bad mit seinen großen Panoramafenstern, die mir den Blick in die Natur und auf den Himmel ermöglichen.

Oftmals nutze ich beim Schwimmen die Zeit zum Beten. Es ist, als würde ich im Wasser diese Quelle finden, die meinen

Geist und meine Seele nährt. Und auch meinem Körper guttut. Meist kenne ich die Leute, die mit mir schwimmen. Und es ergeben sich auch hier und da nette Gespräche. Aber an jenem Freitag entdeckte ich eine Frau, die ich zuvor noch nie gesehen hatte. Sie erinnerte mich so sehr an eine ehemalige Freundin, sodass in mir der Wunsch entsprang, mit ihr ins Gespräch zu kommen. Doch wie beginnen? Wir waren beide mittendrin, unsere (wenn auch gemütlichen) Bahnen zu ziehen, und oftmals fällt es mir immer noch schwer, Menschen aus dem Nichts heraus anzusprechen.

Ich betete. Die Frau schwamm ganz entspannt hin und her, hin und her, und als wir uns irgendwann in der Mitte des Beckens trafen, schaute sie mich freundlich an. An diesem Morgen war es zufällig sehr ruhig im Schwimmbad. Außer uns beiden war lediglich eine weitere Person im Becken. Sie kam also plötzlich von selbst auf mich zu mit den Worten: „Ist das nicht herrlich entspannend hier?“ Und dann erzählte sie mir von sich: Ihr Name sei Tanja, ihre Blutwerte seien noch nicht so gut, und sie müsse deshalb etwas vorsichtig sein. Ich freute mich über ihre Offenheit, aber es klingelte auch etwas in mir, denn ich hatte ein Leben lang als Kinderkrankenschwester oftmals krebskranke Kinder und in meinen letzten Dienstjahren auch krebskranke Frauen betreut. Das sagte ich Tanja, und sie erwiderte: „Wenn Sie Krankenschwester sind, kann ich Ihnen meine ganze Geschichte erzählen.“

Und so standen wir bei leichten Bewegungen lange im Wasser, und ich hörte von ihrem schmerzhaften und herausfordernden Weg mit OP, Chemotherapie und all dem Schweren, was sie durchlebt hatte. Tanja war 50 Jahre alt. Vor Weihnachten hatte sie ihre Mutter bis zum Tod versorgt. Auch sie war schwer an Krebs erkrankt gewesen. Und dann erzählte Tanja mir von ihrer Dankbarkeit für jeden Tag und für all das Schöne, das sie erleben und sehen durfte. Ihre

Geschichte berührte mich, und ich staunte darüber, wie so ein tiefes Gespräch entstanden war. Auch ich öffnete ihr mein Herz und berichtete von einem schmerzhaften Verlust in meiner Familie und dass ich diese Zeit ohne Gottes Hilfe nicht geschafft hätte.

Am Ende unseres Gesprächs kamen wir dann noch bei unserer gemeinsamen Leidenschaft für Hortensien und Rosen an. Mit strahlenden Augen und einem dankbaren Herzen verließ Tanja anschließend das Schwimmbecken.

Auch sie hatte unser Gespräch als sehr ermutigend empfunden und sich herzlich dafür bedankt. Ich schwamm mit einem erfüllten Herzen noch einige Bahnen und spürte dabei deutlich: Gott hatte dieses Gespräch vorbereitet und geschenkt, und ich durfte Tanja etwas weitergeben von der Quelle, die in mir sprudelt.

Für mich sind solche Momente ein Hauch von Eden. Mitten in dem, was ich tue, entfaltet Gott eine Situation, in der ich ein Segen für andere Menschen sein kann und Anteilnahme und Liebe verschenken kann. Es ist wie ein Schöpfen aus einem Brunnen und ein Ausgießen auf mein Gegenüber. Mich selbst beschenkt das zutiefst, und ich spüre viel Freude in mir. Jedes Leben muss seinen Brunnen finden, um Quellorte zu erleben.

Ich bin oft mit Frauen im Gespräch, die in den Herausforderungen ihres Lebens am absoluten Limit sind. Durch meine Berufswahl als Krankenschwester wurde ich schon als junge Frau mit hilfebedürftigen Menschen und viel Leid konfrontiert. Gerade wenn Kinder in gesundheitlicher oder auch emotionaler Not sind, bewegt es mein Herz ganz tief, und mit allem, was ich bin, meinem medizinischen Fachwissen, aber auch meinem Mitgefühl und meiner Anteilnahme versuche ich zu unterstützen, zu ermutigen, zu helfen, zu lindern, präsent zu sein. Es gibt mir persönlich viel, hier aktiv handeln und wirklich geben zu können. Aber es kostet auch viel – extrem viel. Ich brauche eine Quelle in mir, aus der ich schöpfen kann. Parallel zu meinem Einstieg als Krankenschwester heiratete ich meinen Mann Klaus im Jahr 1979 und wurde damit zur Pastorenfrau. Seine berufliche Tätigkeit führte uns als Familie von Kirchheim/Teck nach Augsburg und weiter nach Bensheim. Wir lernten in unserer Arbeit für diese Gemeinden so viele wunderbare Menschen kennen, doch auch in diesem Kontext begegneten uns immer wieder Lebensgeschichten voller Herausforderungen und Leid. Oder Menschen sehnten sich einfach nach regelmäßiger geistlicher und mentaler Begleitung, brauchten tatkräftige Unterstützung im praktischen Sinne oder sonst eine Form von Präsenz unsererseits.

Wer mich kennt, weiß, dass ich einfach ein großes Herz für andere Menschen habe. Trotz meiner Tätigkeit als Krankenschwester engagierte ich mich über viele Jahrzehnte also auch voll und ganz in die Menschen der jeweiligen Gemeinde, in der mein Mann beschäftigt war. Es machte uns große Freude, brachte mich aber auch immer wieder an meine Grenzen.

Wie bewältigt man ein Leben, in dem man das Gefühl hat, man gibt und gießt an allen Ecken und Enden aus? Man möchte sich für andere stark machen, sich kümmern, investieren, helfen. Erreicht einen da nicht unweigerlich irgendwann der Zeitpunkt, an dem man sich leer, erschöpft und ausgeschöpft fühlt?

Ob als Mutter, im Beruf, im ehrenamtlichen Kontext oder dort, wo immer jeder von uns die Bereiche auslebt, die viel fordern, uns immer wieder auch überfordern: Wir brauchen einen Brunnen, um selbst Quellorte zu finden. Es braucht dieses bestimmte Wasser, das dem Burn-out das Feuer nimmt. Mein Wasser ist tatsächlich „lebendiges Wasser“ für mich. Es kommt aus einer heiligen Quelle, die nie versiegt, es kommt direkt aus Eden.

Lebendiges Wasser

Jeden Tag beginne ich in dem Bewusstsein, dass ich die geliebte Tochter meines himmlischen Vaters, Gott selbst, bin. Ich gönne mir diese Zeit und suche die himmlische Perspektive mit Fokus auf Jesus. Bevor die Welt (oder mein Handy!) zu mir redet und all die vielen Bedürftigkeiten meiner Mitmenschen meinen Fokus einnehmen, wünsche ich mir, dass Jesus zu mir redet. Er selbst sagte an einem Brunnen zu einer Frau, die ihm begegnete: „Wer aber von dem Wasser trinkt, das ich ihm geben werde, der wird niemals mehr Durst haben. Das Wasser, das ich ihm gebe, wird in ihm zu einer nie versiegenden Quelle, die unaufhörlich bis ins ewige Leben fließt“ (Johannes 4,14).

Es ist mir ein großes Bedürfnis, diese Zeit mit Jesus jeden Tag zu priorisieren. Ganz bewusst stelle ich mich in sein Licht, unter seinen Blick. Dann kann ich meine Berufung leben und ein Licht für andere Menschen sein, Blickkontakt mit ihnen aufnehmen. Ich habe tatsächlich entdeckt, dass das für mich **das** Geheimnis ist, um nicht leerzulaufen. Ich weiß, dass viele Menschen Gott aus ihrem Leben ausklammern, und der Glaube, den sie vielleicht eher unter einem Deckmantel der Religion kennengelernt haben, ihnen mehr Kraft nimmt als schenkt. Vielleicht haben sie den Eindruck, etwas an Gott liefern zu müssen. Ihm ein gutes Leben vorweisen zu müssen, um von ihm auch akzeptiert zu werden. Ein weiteres To-do, das Energie kostet.

Ich persönlich erlebe Gott in einer Art und Weise, die mir Energie gibt. Lebendiges Wasser. Etwas Übernatürliches und ganz Nahes. Persönliches. Von Herz zu Herz.

Ich lasse Gott in die Brüchigkeit meines Lebens hinein. Und seine echte pure Liebe für mich – egal, wie mein Leben gerade aussieht – gibt mir Kraft. Heilt mich, macht mich ganz. Er selbst, in seiner väterlichen Fürsorge, kümmert sich darum, dass die Brüche in meinem Leben mein Gefäß nicht komplett zerbrechen lassen. Dass kein Burn-out mich ausbrennt. Dass ich nicht leerlaufe. Er selbst hat ein Interesse daran, dass ich gefüllt bin. Jeden Tag aufs Neue schenkt er mir sein Wasser aus dieser nie versiegenden Quelle. Für mich ist es Eden, dieser Ort, an dem ich schöpfen darf. An dem ich mich nicht selbst heilen und stärken und wappnen muss, sondern Gott das für mich übernimmt. Wie unglaublich freisetzend das ist, wenn man weiß, da kämpft jemand für mich und mein Wohlbefinden! Es ist tatsächlich möglich, so eine ganz persönliche Liebesbeziehung zu ihm zu haben!

Ich glaube, wir Menschen zweifeln oft daran, ob jemand anderes tatsächliches Interesse an uns hat. Ob es jemanden gibt, der es schafft, uns bedingungslos zu lieben, egal, wer oder wie wir sind. Diese Welt zeigt uns allzu oft, dass es Konditionen gibt.

Geben und nehmen, wie du mir, so ich dir. Aber bedingungsloses Geben? Da komme ich doch gar nicht auf meine Kosten? Da stehe ich doch dann vielleicht mit leeren Händen da.

Auch mir persönlich fällt es immer wieder schwer, bedingungslos zu geben. Sehr wohl ist da Furcht und Sorge, selbst zu kurz zu kommen. Nach einer langen Schicht auf Station im Krankenhaus z.B. oder nach einem kräftezehrenden Wochenende voller Einsatz für die Gemeinde und die Menschen, die sie ausmachen. Völlig erschöpft und ausgeschöpft stehe ich dann da. Ja, andere Menschen und Dinge, die mir guttun, können meinen Tank wieder auffüllen, aber der, der es in einer ganz besonderen und ewigen Weise tun kann, ist Gott. Weil er mein Schöpfer ist. Er hat uns alle gemacht und weiß genau, welche Worte und Berührungen es in unserem Herzen braucht. Seine Wertschätzung, seine Aufmerksamkeit für uns persönlich ist ein Brunnen, in dem das Wasser eine ganz besondere Qualität hat.

Aktivität und Besinnlichkeit

Im 14. Jahrhundert schrieb der Mönch Walter Hilton Briefe an einen Geschäftsmann: Dieser solle sich ein Leben aneignen, in dem sich die Aktivität von Martha mit der Besinnlichkeit von Maria verbindet. Der Mönch bezog sich damit auf die biblische Geschichte vom Besuch Jesu im Haus seiner Freunde in Bethanien, in dem auch die Schwestern Martha und Maria lebten.

Martha wollte Jesus und seine Begleiter willkommen heißen, indem sie gut für ihr Wohlbefinden sorgte, sie mit Essen und Getränken bewirtete und sich viel Mühe in der Küche machte, um ein Hosting zu bieten, das ihre Wertschätzung für die Besucher ausdrückte. Dabei geriet sie zuletzt tatsächlich in Stress und beschwerte sich auch darüber, dass ihre Schwester ihr bei all der Arbeit nicht half.

Maria wiederum hatte ihre eigene Form der Wertschätzung für den besonderen Gast Jesus gefunden: Mit all ihrer Aufmerksamkeit setzte sie sich zu seinen Füßen und lauschte jedem einzelnen seiner Worte. Sie hatte erkannt, dass er lebendiges Wasser spendete und dass ihr Versuch ihn zu bewirten, nicht annähernd an das herankommen konnte, was Jesus ihr an Nahrung für ihre Seele bot. Sie entschied sich in diesem Moment für die Besinnlichkeit und wusste, dass sie hier Kraft für ihren Alltag und all ihre Aufgaben tanken konnte.

Den Ratschlag des Mönchs möchte ich leben. Ich darf lernen, vor Jesus zur Ruhe zu kommen und aus der Begegnung mit ihm heraus anschließend anderen zu dienen. Da sind so viele Menschen in meinem Umfeld, denen ich ein Segen sein kann. Und es ist ein Privileg für mich, für sie da zu sein und ihnen Gutes zu tun. Aber um Wasser austeilen zu können, muss ich erst aus der Quelle schöpfen.

Von Teresa von Ávila (1515–1582) stammt der Ausspruch: „Wenn ich früher gewusst hätte, welch großer König in meinem Herzen wohnt, hätte ich ihn nicht so oft allein gelassen!" Ich wünsche mir, dass ich nicht zu beschäftigt oder abgelenkt bin, um den wertvollen Moment zu verpassen, wenn Jesus mich zu sich ruft, um bei ihm Kraft zu tanken. Ich will lernen, Wichtiges vom Dringenden zu unterscheiden. Und nicht die dringliche Not anderer Menschen die Wichtigkeit meiner eigenen Bedürftigkeit überdecken zu lassen. Ich brauche es, selbst aus einer Quelle getränkt zu werden. Das zu verstehen ist von großer Wichtigkeit. Und beugt dem um sich wütenden allseits bekannten Burn-out enorm vor!

Mein Fokus war und ist, dass ich mein Leben investiere, um ein Brunnen für Menschen zu sein. Ein Brunnen, der sich aus einer ganz großzügigen himmlischen Quelle speist.

Und Menschen spüren diese Quelle des Lebens in mir. Oftmals habe ich auf meiner Station gehört, dass die Atmosphäre anders ist, wenn ich da bin. Es macht einen Unterschied, ob ich lediglich aus mir und meinen begrenzten Kapazitäten herausschöpfe, oder ob da täglich frisches, lebendiges Wasser durch mich zu den Menschen um mich herum fließt.

Phasen und ihre Ressourcen

Ich bin jetzt 67 Jahre alt und spüre, dass meine Ressourcen weniger werden. Ich habe erlebt, wie Menschen in Phasen von Krankheit und Trauer, aber auch im Mama-Sein von Kleinkindern oder im Mama-Sein von Teenies, in Ehe und Single-Sein, in stressigen Job-Situationen und Sabbaticals einfach jeweils immer andere Ressourcen haben. Das Leben bleibt nie gleich, keine Phase gleicht der anderen. Ständig sind wir aufgefordert, zu reflektieren in welcher Zeit wir uns befinden und was sie mit sich bringt.

Auch als offiziell im Ruhestand geltende Frau schlägt mein Herz weiterhin ganz stark für andere Menschen. Ich will für sie da sein. Ich möchte für sie schöpfen. Aber ich muss akzeptieren, dass nun oftmals eine Pause nötig ist, Tage nicht mehr ganz so lang sein sollten, zu viel auf einmal zu viel auf einmal ist. Und das ist völlig in Ordnung so! Ich will es nicht nur akzeptieren, ich will es ganz bewusst als neue veränderte Phase auf meinem Lebensweg annehmen.

Ich darf lernen, Nein zu sagen und zu delegieren. Ich darf mich darüber freuen, dass ich nicht mehr für alles verantwortlich bin und dass andere Menschen nachkommen, die die Stafette übernehmen. Und ich erlebe trotzdem, dass diese Quelle in mir sprudelt und dass ich Teil von diesem Füreinander bin. Ich kann Menschen zuhören und sie ermutigen, von meiner Lebenserfahrung teilen und eine Unterstützung im Hintergrund sein. Präsent zu sein und seine Berufung zu leben bedeutet nicht immer, sich völlig zu verausgaben. Manchmal bedeutet es auch, explizit hinzuhören, was dran ist und was nicht. Beim Schöpfen für andere geht es nicht um die Menge, sondern um die Tiefe, aus der das Wasser kommt.

Den Boden des Brunnens meines eigenen Schöpfens bei Gott noch nicht erreicht zu haben und nie erreichen zu können, ist ein Genuss, den ich gerade mit zunehmendem Alter zu schätzen lerne! Es ist mein Hauch von Eden.

Kurzbiografie

Elsbeth (Jg. 1956) ist seit 45 Jahren verheiratet mit Klaus. Sie haben eine erwachsene Tochter und sind stolze Großeltern.

Elsbeth hat als Kinderkrankenschwester 45 Jahre lang mit ganzem Herzen und viel Know-how Menschen begleitet und darin viele Höhen und Tiefen erlebt. Ihr Erfahrungsschatz ist wie ein tiefer Brunnen, aus dem gerade jüngere Frauen nun schöpfen können.

Zusammen mit Klaus war sie 31 Jahre engagiert im vollzeitlichen Dienst als Pastorenfamilie. Sie begleiteten verschiedenen Gemeinden in Süddeutschland und Hessen und sind seit 2020 im aktiven Ruhestand an der hessischen Bergstraße.

Elsbeth hat nicht nur eine große Leidenschaft für Menschen, sondern auch für ihren Garten und Dekoration. Sie liebt Rosen und Hortensien, und ihr Heim erstrahlt in einem gemütlichen Landhausstil.

21 VOM EINSSEIN IN ZWEISAMKEIT

Nelli Bangert

Schon als ich Teenager-Mädchen war, hatte ich einen großen Traum: Ich wünschte mir nichts sehnlicher, als **den einen Mann** zu finden! Einen Mann, der mich genauso lieben würde, wie ich war und in dessen Augen ich schön und begehrenswert war. Während ich diesen tiefen Wunsch in meinem Herzen trug, lebten meine Freundinnen ihn ganz praktisch: Eine nach der anderen heiratete ihren Traummann. Das wurmte mich ganz schön, und ich fragte mich: „Bin ich nicht gut genug? Nicht schön genug? Nicht dünn genug? Was ist falsch mit mir?" Vielleicht, dachte ich, liegt es ja tatsächlich an meinen paar Kilos zu viel. Meine Schlussfolgerung war, alles für die die gewünschte „Ideal-Figur" zu tun, um als potenzielle Partnerin gesehen zu werden.

Doch wenn es leicht wäre, dieses Ideal zu erreichen, würden alle Menschen mit ihrer Traum-Figur durch das Leben schweben. Es ist eben alles andere als leicht – und viel zu oft stellte ich fest, dass die verlorenen Kilos schon bald nach einer Diät wieder auf den Rippen saßen. Mein Selbstwertgefühl sank. Ich weiß heute, dass ich meinen Wert zeitweise an mein Aussehen knüpfte. Doch Stück für Stück veränderte sich dieser defizitäre Blick auf mich selbst. Je mehr Heilung in meine Identität kam und je tiefer ich Gottes Ja und seine Liebe zu mir verstand, umso besser konnte ich mich auch selbst annehmen und akzeptieren. Ja, vermutlich ist so ein Prozess nie abgeschlossen oder fertig. Aber ich bin so dankbar, dass ich die Wahrheit über mein Leben erkennen und auch annehmen durfte.

Jetzt und schon immer

Die Bibel spricht vielfach darüber, dass wir wunderbar gemacht und von Gott so sehr geliebt sind. In Jeremia 31,3 (LUT) lesen wir, wie Gott zu uns sagt: „Ich habe dich je und je geliebt, darum habe ich dich zu mir gezogen aus lauter Güte." In diesem einen Satz steckt so viel Zärtlichkeit, so viel echte Sehnsucht! Und diese Gefühle Gottes gelten tatsächlich mir und allen, die sich von Gott lieben lassen. Schon immer hat er uns geliebt: ohne, dass wir dafür etwas leisten konnten. Ohne, dass wir dafür erst erfolgreich abgenommen haben. Ohne, dass wir dafür das Idealbild (von was auch immer) erreichen müssen. Schon immer!

Dass sein liebevoller Blick auf uns ruht, ist ein Geschenk. Für diesen Blick, der meine innigste Würde aufgerichtet hat, kann ich nichts tun. Aber gerade deshalb – weil ich für diesen liebevollen Blick von Gott nichts tun konnte – bin ich frei. Frei, nicht erst tausend Dinge tun zu müssen, um zu versuchen, mir diese Würde zu erarbeiten. Schon jetzt und schon immer bin ich geliebt. Weil Gottes Blick voller Liebe auf mir ruht. Diese immer weiter und tiefer wachsende Erkenntnis veränderte mich und mein Leben. Gleichwohl es auch ein Prozess bleiben wird. Seine Liebe heilt das, was nicht heil ist. Stück für Stück.

Liebe auf den ersten Blick

Ich lernte, diese unbegreifliche Liebe an mich heranzulassen. Irgendwann schenkte Gott mir auch einen Mann, der mich mit einem Blick voller Liebe anschaut. Er schenkte mir tatsächlich **den einen Mann**, den Mann meiner Träume, und das zu einem Zeitpunkt, an dem ich es am wenigsten erwartet hätte.

Als ich achtundzwanzig Jahre alt war, kreuzten sich auf einer Silvester-Party die Wege von Christian und mir. Hinter mir lagen einige Beziehungsversuche und eine längere letztlich gescheiterte Beziehung. Ich war mit meinem Liebes-Latein am Ende und hatte erst wenige Wochen zuvor eine E-Mail an Gott „geschickt“, in der ich ihm das ganze Beziehungs-Chaos anvertraute und ihm mein tiefes Vertrauen schenkte. „Ja, Gott, du meinst es gut mit mir und wirst mir auch das schenken, was gut für mich ist.“ Ich wollte nicht mehr weiter nach einem Mann fürs Leben Ausschau halten – sondern es einfach Gott überlassen.

Auf der besagten Silvester-Party kreuzten sich nun unsere Wege – ich bin völlig ohne Erwartungen auf dieses

Fest gegangen –, und wir lernten uns ein wenig kennen. Plötzlich erlebte ich diesen einen Moment, der mir bis heute tief in Erinnerung geblieben ist: Unerwartet und mitten im Gespräch klingelte es tief in meinem Herzen, und ich wusste von einem Moment auf den anderen: „Das ist dein Mann." Ich wusste es einfach. Es war die Art, wie er mich ansah. Dieser Blick berührte mein Herz ganz tief. Es war seine Art, wie er mich wahrnahm und mir zuhörte. Es war dieses wohlige Gefühl der Geborgenheit, das ich noch nie zuvor so intensiv gespürt hatte. Es war diese vertraute Atmosphäre, als wären wir schon ewig befreundet. Es war der gleiche Herzschlag für Gott, der auch in Christians Herzen schlug. Es war dieses tiefe Wissen im Herzen, dass Gott seine Hände im Spiel hatte und diese Begegnung kein Zufall war!

Nach der Party fuhr ich mit meiner Freundin nach Hause. Ich wusste nicht, was ich denken und sagen sollte, ich war einfach sprachlos. War das jetzt echt kein Film, sondern meine Realität? Überfordert registrierte ich, dass ich zu diesem Zeitpunkt meines Lebens mit allem anderen, aber nicht mit einer Beziehung gerechnet hatte. Gleichzeitig sprudelte ich vor Glück, weil ich mich gesehen fühlte. Mein Herz fühlte sich erkannt und verstanden – auf so einer tiefe Ebene, die ich von Menschen vorher noch nie erlebt hatte. Klar – da meldete sich später auch die Angst und die Frage, ob es nicht zu verrückt klang, um wahr zu sein. Die Frage, ob es überhaupt Liebe auf den ersten Blick geben konnte, rumorte in mir. Doch ich fühlte mich gleich zu Beginn so stark von Gott ermutigt, keine Angst zu haben und mich auf diese Beziehung einzulassen. Und ja – dann ging es schnell. Nach zwei Tagen waren wir offiziell ein Paar. Nach sechs Wochen kam dann die Verlobung. Nach nur neun Monaten unsere wundervolle Hochzeit.

Ein Hauch von Eden

Für mich persönlich sind die Partnerschaft und Ehe mit Christian ein Stück Eden auf Erden. Nicht, weil immer nur die Sonne scheint und das türkisfarbene Wasser meine Füße sanft umspielt. Die Zeit immer nur stehenbleibt und ich ausgelassen Seifenblasen puste. Nein, dieses perfekte und idealisierte Eden gibt es nicht. Trotzdem ist für mich die Ehe ein Stück Eden auf Erden. Ich darf hier sein, wie ich bin. Laut und leise, traurig und glücklich, melancholisch und euphorisch, langweilig und kreativ, gesund und krank – und werde trotzdem geliebt. Christian nimmt mich an, so wie ich bin, und ich nehme ihn an, wie er ist. Klar – nicht immer gelingt es uns, aber es ist unser Herzenswunsch. Durch das bedingungslose Vertrauen wächst eine wunderschöne Intimität, die man nicht produzieren kann. Sie fühlt sich an wie Gnade, wie ein Geschenk. Die Intimität in allen Bereichen unserer Beziehung verleiht unserer Ehe Kraft. Da denke ich an die geistliche, seelische, aber auch sexuelle Intimität. Im Kontext dieses Beitrags möchte ich gern die sexuelle Intimität highlighten. Wenn ich an Edenmomente denke, gehören für mich Momente aus einem gesunden und erfüllten Sexleben mit einem vertrauensvollen Ehepartner unweigerlich auf die Liste. Und zwar ziemlich weit oben auf die Liste. Es gibt wenige Umstände, die das Innere und den Körper eines Menschen so in positive Ekstase versetzen können wie die sexuelle Erregung und der folgende Höhepunkt mit dem Ehepartner, den man liebt.

Mir ist deutlich bewusst, dass bei manchen Menschen das Thema Sex sehr viel Negatives, Zerstörerisches, selbst Traumatisches mit sich bringt. Es ist ein Thema voller Verletzlichkeit und deshalb oftmals auch tiefer innerer Wunden. Deshalb ist es umso mehr ein Privileg hier auf das Thema in der Schönheit seiner Ursprünglichkeit schauen zu dürfen. Das tun wir vielleicht viel zu selten.

Von Sex wird ja manchmal als schönste Nebensache der Welt gesprochen, was aber die Kraft und die Schönheit von Sexualität nicht ausreichend würdigt, wie ich finde. Sex ist eine Erfindung Gottes, die – im Rahmen einer von Liebe geprägten Beziehung – so eine starke Verbindung zwischen Frau und Mann schafft und die Ehebeziehung stärkt.

Gottes Idee und Geschenk, einander im Sex zu begegnen, verrät so viel über ihn selbst. Manchmal denke ich mir: Krass, dass Gott sich so was ausgedacht hat. Ich meine, wie kommt man auf so eine Idee, dass zwei Menschen sich körperlich und dadurch auch seelisch so intensiv verbinden können wie beim Sex? Die Idee ist einfach grandios und irgendwie stark – als Bindemittel zwischen zwei Menschen, die exklusiv miteinander intim sind. In 1. Mose 4,1 (LUT) steht: „Und Adam erkannte seine Frau Eva." Ich finde es in der Luther-Übersetzung so toll formuliert, weil es hier nicht nur um den Akt an sich geht, sondern um so viel mehr. Adam erkennt seine Frau, er schaut genau hin, er beschäftigt sich mit ihr, er sieht sie, er liebt sie – und sie werden eins. Sex ist so viel mehr als die rein anatomische Verbindung zwischen Mann und Frau. Für mich steckt in diesem Vers auch drin, dass ich mich von meinem Mann erkennen und anschauen lassen darf. Ich vertraue ihm, dass er mich liebt und schön findet. Deswegen bin ich bereit, nackt zu sein. Mich von ihm sehen zu lassen.

Sex im Hier und Jetzt

Gerade für mich als Frau, die (nach meinem Geschmack) ein paar Kilos zu viel auf die Waage bringt, spielt das tiefe Vertrauen zu meinem Mann eine große Rolle bei unserer Intimität. Meiner Erfahrung nach bin ich nicht allein damit, zu denken, ich könnte eigentlich noch schöner sein. Doch auch wenn wir es nicht glauben können – wir sind schön genug!

Für wundervollen und paradiesischen Sex braucht es keinen „perfekten Körper“, sondern das Genießen im Hier und Jetzt, das Entdecken im Hier und Jetzt, das Sein im Hier und Jetzt. Sexualität wird intensiver und schöner, wenn viele echte Gefühle mit im Spiel sind. Doch um diese zulassen zu können, braucht es auch den Raum, alles andere beiseitezustellen. In diesen Momenten zählen nur die beiden Liebenden. Klar – das ist in unserer lauten Welt mit so vielen To-dos immer wieder eine Herausforderung, doch es lohnt sich wirklich, diesen Hauch von Eden in der Ehe zu schützen.

In der intimen Begegnung kann so viel Wunderbares entstehen: die unbeschreibliche Verbundenheit zwischen zwei Menschen, ein Feuerwerk der Gefühle beim Höhepunkt, die Wärme und die Nähe in den Armen des anderen. Doch da ist auch die grenzenlose Freiheit zu fliegen und einfach mal himmlisch abzutauchen. Es ist faszinierend, dass Sexualität eine Welt ist, die man neugierig und gespannt entdecken darf. Es ist keine Sache, die man irgendwann technisch verstanden hat, und fertig ist die Sache. Nein, jede Begegnung neu kann unvergleichlich und besonders werden. Gott hat uns mit Sexualität ein Geschenk gemacht, das sich vielleicht im Laufe der Jahre verändert – aber immer wieder neue Farben und Nuancen bekommt. Gott, der Ideengeber und Erschaffer von Lust und Freude beim Sex, freut sich riesig – davon bin ich überzeugt –, wenn Paare einander zeigen, wie sie sind, und sich nicht dafür schämen. Sondern wissen, wie wertvoll und kostbar sie in Gottes Augen sind. In diesem Wert, in dieser Würde – als geliebte Kinder Gottes – dürfen sie sich angstfrei, schamlos und echt aneinander verschenken. All die Lügen der Gesellschaft, was genau ein schöner Körper ist, dürfen bei Gott losgelassen werden. Schön ist das, was mit Liebe angeschaut wird. Gottes Liebe ist überfließend, und sie meint mich. Sie meint meinen Partner. In diesem Wissen– unfassbar und hundertprozentig geliebt zu sein – darf ich mich auch an meinen Partner verschenken.

Die schönsten Sex-Momente mit Christian erlebe ich dann, wenn ich wirklich einfach mal die ganze Welt „ausschalte" und nur noch hier bin – mit meinem Mann, den ich liebe, den ich respektiere und mit dem ich mein Leben teile. Natürlich erleben wir es als Privileg, als Paar ohne Kinder diesen Bereich unserer Ehe unverschämt zu genießen. Wie dieser Hauch von Eden in einem vollen Family-Life gelebt werden kann, müssen vermutlich andere sagen.

Ich wünsche mir sehr, dass wir dieses Stück Eden immer wieder neu entdecken und es für uns immer wieder neu erobern. Es wird zu einer wundervollen Kraftquelle unserer Ehe, wenn wir bereit sind, immer wieder aufzubrechen. Dabei geht es mir und Christian nicht um den perfekten Moment, die perfekte Zeit miteinander, sondern vielmehr um eine echte Zeit im Miteinander: darin liegt Intimität. Zu dieser echten Begegnung wollen wir immer wieder aufbrechen – auch wenn der Alltag manchmal voll ist.

Aufbrechen nach Eden

Aufbrechen – das wollten wir auch als Ehepaar, nachdem wir paar Jahre gemeinsam durch eine sehr herausfordernde Zeit unsers Lebens gegangen waren. Als die Hoffnung wieder neue Bilder an den Himmel malte, fühlten wir uns mutig genug, wieder zu träumen und ein kleines großes Abenteuer zu wagen. Wir saßen im Paddelboot mitten auf einem schwedischen See und tauschten uns über unsere Träume aus. Es tat so gut, wieder gemeinsam neue Träume zu wecken, nachdem wir durch einen großen Sturm in unserem Leben gekommen waren. In diesem Boot schrieb jeder von uns drei

Träume für uns als Ehepaar auf ein kleines Zettelchen. Und tatsächlich – es gab einen Traum, den wir beide hatten: eine mehrwöchige Auszeit in den USA. Dieser Traum begeisterte und beflügelte uns. Klar – schnell kamen die Fragen, wie wir das realisieren konnten.

Doch Schritt für Schritt trauten wir uns gedanklich und auch praktisch an die Realisierung unseres Abenteuers. Weniger als ein Jahr später waren wir für zwei Monate in den Vereinigten Staaten. Da ich schon als Teenager immer von Hawaii geträumt hatte, verbrachten wir vier Wochen auf zwei unterschiedlichen Inseln. Ich werde das Lebensgefühl dieser Zeit nie vergessen – ich fühlte mich einfach lebendig, frei, fröhlich und so wohl in dieser tropischen Atmosphäre, fühlte mich zu Hause. Auch, wenn Hawaii mir bis dahin nicht bekannt war und nur als Traum in meinem Herzen ruhte, fühlte ich mich wirklich gleich wie zu Hause. So etwas hatte ich bis dahin noch nie mit einem Ort verbunden. Das war einfach nur schön. Dieses Bewusstsein: Hier bin ich richtig, hier bin ich zu Hause. Das, was ich sonst eher mit Menschen verbunden hatte oder mit einem Ort, an dem ich schon lange gelebt hatte, fühlte ich plötzlich auch in der Ferne. Ein Stück Eden, ein Stück Heimat. Was für ein Geschenk.

Diese Zeit belebte uns als Paar auf wundervolle Weise. Eine ganz neue Leichtigkeit, eine neue Entspannung, ein neuer Frieden durchwehte unsere Herzen. Auf Hawaii ließen wir Altes zurück – und wurden mit so viel neuer Freude tief beschenkt. Diese Erfahrung hat uns verändert, wofür wir Gott so dankbar sind. Und immer wieder – wenn wir gemeinsam träumen – freuen wir uns über den Segen, den wir in Hawaii erlebt haben.

Edenmomente mitten im bunten, manchmal tristen oder auch dunklen Leben – sind für mich all die Momente, in denen ich tief begreife, dass ich sein darf, so wie ich bin, und geliebt bin, so wie ich bin. Das kann ich auf uneingeschränkte und bedingungslose Weise bei Gott, der mich geschaffen hat und mich genauso wollte, wie ich bin. Aber das erlebe ich auch in meiner Ehe mit Christian, in Freundschaft, in Gemeinschaft. All das ist nicht selbstverständlich – sondern ist ein Geschenk von Gott. Ich liebe ihn sehr – diesen Hauch von Eden in meinem Leben.

Kurzbiografie

Nelli Bangert (Jg. 1987) ist Autorin ermutigender Bücher, Sprecherin auf Frauen-Events und Predigerin in ihrer Gemeinde, der Kirche des Nazareners in Gelnhausen. Sie lebt ein Leben, das sie sich so nie ausgemalt hat, aber sehr liebt. Mit ihrer Arbeit will sie Menschen ermutigen, nah am Herzen Gottes zu leben. Sie ist glücklich verheiratet mit Christian und lebt mit ihm in der hessischen Gemeinde „Linsengericht". Gemeinsam lieben sie es, kreativ zu sein, zu reisen, in der Natur unterwegs zu sein und vor allem Gottes Reich auf vielfältige Weise zu bauen.

Weitere Infos unter: www.nelli-bangert.de

22 VOM JÄTEN VON HERZENSUNKRAUT

Kerstin Haack

Ich habe ein morgendliches Ritual, das ich sehr genieße und das eine große persönliche Bedeutung für mich hat: Nach dem Aufstehen öffne ich die Tür zu unserem Garten, trete hinaus, atme durch und pflücke ein paar Blumen für einen kleinen Strauß auf unserem Esstisch. Oft ernte ich dazu noch ein paar Tomaten oder Gurken. Dankbarkeit und Zufriedenheit durchströmen mich. Gefühle, die mir lange fremd waren. Fast wie Exoten in meinem Herzensgarten.

Mein Blick schweift über mein Kräuterbeet und auf noch mehr Gemüse dort drüben. Tatsächlich gibt der kleine Garten hinter unserem Haus auch hin und wieder etwas Exotisches her, zum Beispiel gelbe Physalis oder leckere Wassermelonen. Klingt nach Eden, oder? Diese Früchte gedeihen großartig hier in meinem heißen amerikanischen „Exil". Ich bin sicher nicht die Einzige, die es nicht bereut, im Corona-Jahr einen Garten angelegt zu haben. Es kostete uns viel Zeit und Mühe, aus dem Wildwuchs etwas Brauchbares zu machen, aber die Früchte sind es wert!

Verwildert

Ursprünglich sollten hier ordentlich angelegte Beete und Rabatten entstehen. Der zu diesem Zweck aufgeschüttete Rindenmulch bot jedoch vor allem dem Unkraut so gute Bedingungen, dass ein gepflegter amerikanischer Garten bald zur Utopie wurde. Allenthalben wucherten hartnäckige Gräser, dschungelartige Schlingpflanzen und ein Meer aus Löwenzahn (dessen lange Wurzeln wahrscheinlich seit Jahrzehnten tief im harten Lehmboden steckten). Über Jahre erschien mir die einzig sinnvolle Option, die ganze Sache zu ignorieren. Als Mutter von vier kleinen Kindern und Frau eines Mannes, der selbst zu kämpfen hatte, fehlte die Energie für alles, was über den Rahmen meines herausfordernden Alltags hinausging – geschweige denn für Gartenprojekte. So ließ ich unseren Garten also einfach verwildern. In meinem Herzen sah es nicht viel anders aus!

Ich bin eine seit fast zwanzig Jahren im Ausland lebende Deutsche, die mit einem Amerikaner verheiratet ist. Obwohl ich es nach Kräften zu vermeiden versuche, ist die in meinem Haushalt vorherrschende Kultur eindeutig nicht die deutsche. Als Ausgleich suche ich daher gerne Freundschaften zu anderen Landsleuten hier in Kansas City, was zwangsläufig dazu führt, immer wieder Abschied nehmen zu müssen. Wenn meine deutschen Freunde in ihre Heimat zurückkehren, bin ich diejenige, die in den Staaten bleiben darf, während anderen dieses Privileg vorenthalten bleibt. Ich bin auch diejenige, die hinterher über den Verlust trauern wird und wieder von vorne anfangen darf.

Eigentlich wollte ich nach der Hochzeit mit meinem Mann Mike höchstens zwei Jahre an der Ostküste der USA leben. Und das nur, weil er dort den besseren Job hatte. Ich war fest davon überzeugt, dass wir bald wieder nach Europa ziehen würden, wo es uns beiden besser gefiel. Doch die Realität sah anders aus. Zwar genossen wir viele herrliche Sommerferien in der Heimat, aber nach ein paar Wochen musste ich immer wieder Abschied nehmen. Und nach jedem schmerzvollen Abschied fiel ich regelmäßig in ein emotionales Loch. Jahrelang sehnte ich mich danach, meine Kinder an der malerischen norddeutschen Küste großzuziehen, in einer Kultur, in der man mich versteht, in der Missverständnisse in der Ehe nicht in kräftezehrende Grundsatzdiskussionen mündeten. Wo mein Zuhause gewesen war. Dabei ist mir klar, dass der Wohnort im Grunde zweitrangig ist, solange man sich zu Hause fühlt und angenommen wird.

Doch genau das war so schwer zu fassen wie eine Fata Morgana, nach der ich immer wieder vergeblich griff und am Ende mit leeren Händen dastand. Mich angenommen fühlen, mich zu Hause fühlen. All das schien in den Staaten schwierig für mich. Also fand ich mich damit ab (zumindest theoretisch), dass mein Alltag manchmal einsam war, dass ich mich als Europäerin oft missverstanden fühlte und dass uns mittlerweile oft das Geld fehlte. All dies nagte an meinem Selbstwertgefühl, an meiner Identität als Mutter, und es beeinträchtigte auch meine Stimmung.

So oft fehlten mir die Freude und die Leichtigkeit, die ich vor allem im Umgang mit vier lebhaften Söhnen gebraucht hätte. Es gab nicht selten Momente, in denen ich streng und humorlos mit ihnen umging – aus Frust über meine eigene Situation. Sicher kennt jede Mutter das Gefühl, den Kindern nicht gerecht zu werden, aber in meiner Seele rumorte es permanent. Viel zu oft spürte ich die Last der Erwartungen anderer, die teils nur gefühlt, teils aber auch begründet waren. Ich litt unsäglich unter meinen Unzulänglichkeiten und Fehlern. Je mehr ich versuchte, meine Umstände zu kontrollieren, desto stärker verkrampfte ich mich.

Ständig grübelte ich über mein Verhalten nach und bewertete oft und gerne meine eigenen Leistungen mit der Note mangelhaft. Dazu verglich ich mich oft mit Frauen, die ein reges Social Life genossen und im Leben angekommen zu sein schienen. Langsam aber sicher bohrten sich die Wurzeln des Neides und der Eifersucht, der Ablehnung und der Enttäuschung in die Tiefen meiner Seele. Mit meinem Herzen passierte etwas, das ich früher niemals für möglich gehalten hätte: Ich befand mich auf dem besten Weg, bitter zu werden.

Bitterkeit passte im Grunde nicht in mein Selbstverständnis. Ich war eine optimistische Frau mit einem gesunden Urvertrauen. Ich wusste aus Erfahrung, dass es auch dann Grund zur Dankbarkeit gibt, wenn die Umstände gar nicht danach aussehen. So wie damals, vor siebzehn Jahren. Als junge Familie erlebten wir einen tragischen Verlust. Bei einer Routineuntersuchung kurz vor dem Geburtstermin unseres zweiten Sohnes wurde der Gesichtsausdruck der Ärztin plötzlich ganz fahl, als sie beim Ultraschall den Herzschlag unseres Kindes nicht finden konnte. Und als sie beim Kaiserschnitt meinen kleinen, perfekten, aber regungslosen Jungen herausholte, sahen wir, dass sich die Nabelschnur um seinen Hals festgezogen hatte.

Getröstet

Die Tage im Krankenhaus werde ich nie vergessen. Jeder, der uns kannte, von guten Freunden bis hin zu flüchtigen Bekannten, kam uns besuchen, um mit uns zu beten, zu trauern und unseren Sohn ein letztes Mal in den Arm zu nehmen. Unser kleiner Vincent sah aus wie ein schlafendes Neugeborenes, so zart und weich und friedlich. Drei Tage lang hatte ich Zeit, mich von ihm zu verabschieden. Nach diesem Erlebnis hätte ich jeden Grund dazu gehabt, die Flinte ins Korn zu werfen. Doch meine mentale Gesundheit blieb mehr oder weniger intakt, und ich fühlte mich für einen Moment angekommen und getragen. Freunde kamen und brachten unserer kleinen Familie wochenlang Mahlzeiten. Andere waren einfach nur da und hörten uns zu oder halfen uns, unser Leid einzuordnen und letztlich zu akzeptieren. Auch nachts und wenn ich allein war, spürte ich, wie Gott mich mit seiner Anwesenheit und Liebe umgab.

Doch vieles blieb auch unklar. Die Frage nach dem „Warum" oder dem „Was wäre wenn …" war in den Monaten darauf besonders quälend. Doch immer wieder spürte ich, dass mein Schöpfer mir dann besonders nahe war, wenn mein Herz drohte, auseinanderzubrechen. Er brachte meinen rastlosen Verstand zur Ruhe. Ein Baby neun Monate im Mutterleib erwartungsvoll auszutragen, nur um es kurz nach der Geburt an ein Bestattungsinstitut abzugeben, bricht jeder Mutter das Herz. Ich werde diese Sinnlosigkeit im Diesseits nie verstehen, so viel steht fest. Und doch habe ich Frieden gefunden in der Hoffnung auf ein Wiedersehen in der Ewigkeit.

Trotz der Erfahrung mit Tod und Verlust entstand in dieser Zeit in meiner Seele etwas Neues: eine innere Quelle des Lebens, die auch in Zeiten der Trockenheit Leben hervorbringt. „Glücklich sind die Menschen, die in dir ihre Stärke finden und von Herzen dir nachfolgen. Wenn sie das Tal der Tränen durchqueren, wird es ihnen zu einem Ort erfrischender Quellen, und der Frühregen bedeckt es mit Segen. So bekommen sie immer wieder neue Kraft" (Psalm 84,6-8).

Aufgewühlt

Drei Kaiserschnitte später war mein Leben so beschäftigt wie noch nie, und unsere vier wunderbaren gesunden Söhne sind ein unbeschreibliches Geschenk! Doch innerlich war ich mehr als aufgewühlt, denn ich kämpfte seit Längerem mit gesundheitlichen Herausforderungen. Mein Körper fing aus unerklärlichen Gründen an, mit Gliederschmerzen zu reagieren, und eine überwältigende chronische Müdigkeit lähmte oftmals meine mentale Kapazität. Ich hätte nichts dagegen gehabt, wenn meine Lebensumstände etwas einfacher gewesen wären. Doch mehr als das wünschte ich mir eine authentische Existenz, die unabhängig von den Umständen gedeihen und florieren konnte. Dass dies nicht ohne ein gewisses Maß an Druck vonstatten geht, hatte ich schon öfter aus anderen Lebensgeschichten gehört.

Wir hatten unser bequemes Leben an der Ostküste nun schon vor vielen Jahren gegen ein Abenteuer im mittleren wilden Westen ausgetauscht. Weg von der historischen Altstadtwohnung in Strandnähe, hin zur faden Vorstadtwelt in einem Flyover State. Genau hier, in einer Art modernem Kloster in Kansas City, fern von allem Prätentiösen, erhofften wir uns das „Land, in dem Milch und Honig fließt". Mein Mann und ich hatten uns bewusst auf diesen Lebensstil eingelassen. In einer Umgebung, die nicht durch äußere Schönheit besticht, sondern dadurch, dass sie wenig Ablenkung bietet und vielmehr den Blick aufs Wesentliche freigibt. Gott und sich selbst besser kennenzulernen, war es wert, auf manches zu verzichten. Soweit die Theorie. Denn jetzt war ich an einem Punkt angekommen, an dem mir der Druck zu viel geworden war.

Bittere Wurzeln ausreißen

Es war ein Geschenk des Himmels, dass ich gerade in dieser Situation eine Gruppe von Frauen fand, die sich meiner annahm. Obwohl es größtenteils Menschen waren, die ich kaum kannte, fühlte ich mich bei ihnen angenommen und sicher. Und da ich innerlich an meiner Last zu zerbrechen drohte, war der Zeitpunkt gekommen, die Dinge beim Namen zu nennen.

Unter Tränen vertraute ich ihnen an, wie einsam und enttäuscht ich mich fühlte. Ich wagte den mutigen Schritt und bekannte auch das, wofür ich mich am meisten schämte: dass ich das Gefühl hatte, bitter geworden zu sein. Dieses Bekenntnis war erst der Anfang. In den wöchentlichen Treffen mit meinen neuen Freundinnen konnte ich endlich auspacken. Nach und nach griff ich nach den Schlingen, die sich um mein Inneres gerankt hatten. Es war allerhöchste Zeit, wieder Licht in das Dickicht meines Herzens zu lassen, und der Austausch mit diesen Frauen ermöglichte es mir. Ich vertraute ihnen, sie hörten mir zu, sie beteten für mich.

Als ich mich im Corona-Jahr traute, das Dickicht des Gartens hinter unserem Haus zu betreten und anfing, den Löwenzahn mit dem Spaten auszuhebeln, erkannte ich die Parallele dieses Gartens zu meinem Herzen. Mein Garten voller penetrant wuchernder Wurzeln war ein Sinnbild meines Herzens. Ich hatte meinen Garten und auch mein Herz viel zu lange brachliegen lassen! In mir gab es diesen tiefen Wunsch, unser kleines Stück Land hinter dem Haus in ein genießbares Kleinod zu verwandeln. Ein kleiner Garten

Eden, der mir jeden Tag Freude bringen würde. Und ebenso wünschte ich mir für mein Herz aufgelockerten, fruchtbaren Boden, der Gutes und Gesundes hervorbringen würde.

„Vor allem aber behüte dein Herz, denn dein Herz beeinflusst dein ganzes Leben" (Sprüche 4,23). Ich wusste, dass es Arbeit bedeuten würde, diese beiden Gärten in etwas Anmutiges zu verwandeln, und dass ich mich nicht länger davor scheuen konnte. Mit energischen Griffen ging es jetzt dem Unkraut an den Kragen. All die einsamen Jahre dienten dem Zweck, meinen Fokus auf das zu lenken, worauf es wirklich ankam: mein Herz. Denn nur ein gesundes Herz kann Leben und Liebe spenden. Plötzlich gab es nichts Wichtigeres, und ich bekam die nötige Energie geschenkt. Mit großer Entschiedenheit widmete ich mich der Herzenspflege. Zum einen ging es darum, die Wurzeln der Bitterkeit radikal auszuräumen. Warum war ich eigentlich so enttäuscht von anderen, von Gott und mir selbst? War es meine Aufgabe, dem bewertenden Blick anderer zu genügen, oder ging es nicht eher darum, dass mein Handeln vor dem liebenden Blick Gottes bestehen konnte?

Für viele Dinge brauchte ich eine erneuerte Haltung, ein gesundes Denken, die richtigen Entscheidungen. Solche inneren Prozesse sind mühsam, aber wenn man dranbleibt, entsteht gesunder Boden! Heute weiß ich, dass ich Leute immer wieder enttäuschen werde, und auch Fehler mache ich weiterhin zur Genüge. Aber diese Erkenntnis zieht mich nicht mehr in hoffnungslose Tiefen. Ehrlich gesagt, mein Garten sieht an manchen Stellen immer noch ziemlich chaotisch aus, aber ich sehe ihn jetzt mit anderen Augen. Anstatt enttäuscht darüber zu sein, dass sich ein Tier über meine Birnen hergemacht hat, oder mich selbst dafür abzulehnen, dass ich das Unkraut wieder mal hab überhandnehmen lassen, kann ich die Situation jetzt akzeptieren. Ich entdecke Schönheit in dem Neuen, das entsteht, im Wachstum der

Knospen und Blüten und Früchte. Zudem ist die Erde weicher und formbarer geworden, und das Unkraut lässt sich schneller entfernen.

Die Handgriffe des Gärtnerns sind zur Gewohnheit geworden und kosten mich nicht mehr so viel Energie wie früher. Vieles wächst und vermehrt sich sogar ganz ohne mein Zutun! Der riesige Brombeerbusch zum Beispiel, der sowohl uns als auch den Vögeln prächtige Beeren beschert. Und die traumhaften Stockrosen, die sich jedes Jahr aufs Neue aussäen und den lapidaren Holzzaun jeden Sommer aufs Neue zu einem Hingucker machen. Mitten in einem dürren Ort ist eine Oase entstanden – mein eigenes kleines Paradies. Morgens, wenn ich in den Garten trete, erfüllen mich Zufriedenheit und Dankbarkeit in meinem Herzensgarten – trotz chaotischer Umstände, endloser To-do-Listen und schmerzlicher Erfahrungen, die wir alle immer wieder bewältigen müssen. Tatsächlich ist in mir dieser gesunde Herzensboden entstanden, der auch in widrigen Umständen gesundes Wachstum ermöglicht.

Kurzbiografie

Kerstin vermisst seit 20 Jahren ihre Heimat an der schleswig-holsteinischen Küste, genießt aber trotzdem den American Way of Life in Kansas City, Missouri.

Besonders dankbar ist sie für ihren Mann und die vier Söhne, von denen der erste gerade flügge geworden ist. Ihren Master in Kommunikationswissenschaften hat sie zunächst in der Filmproduktion eingesetzt, danach als Deutsch-Dozentin an der Uni und derzeit in diversen Lehrtätigkeiten an der Schule ihrer Kinder.

Zusätzlich hat sie in Kansas City viele Jahre lang eine christliche deutschsprachige Gemeinschaft geleitet.

23 VOM FINDEN MEINER ZUGEHÖRIGKEIT

Karissa Delamont

Die große weite Welt

Mein Name ist Karissa. Wenn man mich fragt, wer ich bin, kann ich meistens nicht adhoc eine Antwort liefern. Ich bin Kanadierin, aufgewachsen bin ich allerdings in Südamerika. Meine Eltern waren dort lange als Missionare einer nordamerikanischen Missionsgesellschaft tätig. Zusammen mit meinem Bruder besuchte ich früh ein privates Internat. Aber wir reisten auch viel mit unseren Eltern, und die Frage, wohin ich denn eigentlich gehöre, begleitete mich überall dorthin, wo ich nun mal gerade war.

Bevor ich im Sommer 2023 heiratete und mit meinem Mann aktuell in Kanada lebe, verbrachte ich sieben Jahre in Deutschland, um genau zu sein in Heidelberg. Ganz bewusst war ich dorthin gezogen, lernte Deutsch und war Teil eines christlichen Gemeindegründungsprojektes, das junge internationale Menschen zusammenbrachte, um ganz simpel ein Leben in der Nachfolge von Jesus zu leben.

In dieser Zeit merkte ich, wie sehr ich Heidelberg und vor allem die unglaublich wertvolle Gemeinschaft der Menschen in meinem Umfeld dort liebte. Es fühlte sich vielleicht zum ersten Mal in meinem Leben nach einem Zuhause an.

Auf die Frage, was ich mit dem Wort Eden assoziiere, würde ich antworten: A place of belonging. Ein Ort, an dem ich mich zugehörig fühle. Das ist etwas ganz Kostbares für mich. Ich denke, dass ich den Wert darin so hoch schätze, weil ich viele Jahre damit verbracht habe, mich zu fragen, wohin ich gehöre. Meinem Bruder erging es ebenso. Wir beide kämpften oft mit dem Gefühl der Einsamkeit.

Dieser Ort, an den du voll und ganz hingehörst, nicht nur akzeptiert bist, sondern tatsächlich in der Tiefe gekannt und wertgeschätzt bist, das ist für mich Eden. Da geht es meinem Innersten gut, da möchte ich nicht mehr weg. Ein Zuhause für meine Seele.

Wenn vieles stirbt

Extrem herausgefordert mit dem Kampf gegen die Einsamkeit war ich in einer bestimmten Phase meines Lebens, als viele Dinge zusammenkamen und Verlust und Trauer ganz schwer auf mir lagen. Ich wusste nicht mehr, wohin ich gehörte, plötzlich brachen große sicher gewobene Stränge meines Lebens einfach und parallel weg. Das Gemeindegründungsprojekt, das ich so liebte, kam aus mehreren Gründen zum Stillstand, meine Partnerschaft mit dem Mann, dem ich die letzten Jahre mein Herz anvertraut hatte, ging in die Brüche, und als wäre das nicht genug, starb mein Bruder plötzlich bei einem Autounfall.

Aruba, ein traumhaftes Inselparadies im Karibischen Meer, war der Lieblingsort meines Bruders. Wir hatten die Insel in unserer Kindheit mehrfach besucht. Das glasklare Wasser und die weißen Strände wirken dort fast surreal. Es ist ein Ort voller exotischer Schönheit und kostbarer Erinnerungen für uns alle an Derrick, der plötzlich und viel zu früh von uns gegangen war.

Als Familie entschieden wir uns für eine gemeinsame Reise nach Aruba, um unsere Trauer zu verarbeiten und Derricks Asche auf dem Meer beizusetzen. Da stand ich also auf dem Boot und sah die Wellen vor mir, die die Asche meines Bruders in die Weite des Ozeans hinaustrugen. Wie konnten Schönheit und Trauer so nah beieinander liegen? Zeitgleich waren mir alle Dinge, vor denen ich immer Angst hatte, zugestoßen. Wer war ich also, und wo gehörte ich hin?

In solch einer Lebensphase nicht in den Sog der Depression, Bitterkeit und Einsamkeit gezogen zu werden, ist fast unmöglich. Oh ja, ich war bitter. Ich wusste, Gott war da. Gott war gut. Mein Leben lang war ich mit diesen Paradigmen aufgewachsen, und ich stellte ihre Wahrheit nicht infrage. Und doch dachte ich: „Gott, ich hab mir so viel Mühe gegeben, alles richtig zu machen. Und das ist das Ergebnis davon? Muss ich wirklich diesen Weg gehen?"

Zu einsam fühlte er sich an. Gespickt mit Zurückweisung und dem Gefühl, um so vieles betrogen worden zu sein. Das war immer meine größte Angst gewesen: alleingelassen zu werden.

Und dann traf mich ein Zitat eines Freundes, das mir half, den Fokus darauf zu legen, dass ich in der Hand hatte, was all dieser Schmerz in mir bewirken würde: „Pain can make your heart hard or it can make it soft. The choice is yours." Schmerz kann dein Herz hart machen oder aber weich. Die Entscheidung liegt bei dir.

Der Weg der Ehrlichkeit

Ich wusste, ich wollte mein Herz weich bleiben lassen. Um alles in der Welt. Aber wie sollte das gelingen?

Ein Weg, der für mich sehr heilsam war, war der Weg der puren Ehrlichkeit. Ehrlichkeit mit mir selbst, mit anderen und mit Gott. Ich wusste, ich würde nur mit einem weichen Herzen aus dieser Phase herauskommen, wenn ich alle Fragen, alle schmerzhaften Zustände meiner Seele, so erschreckend und unschön sie waren, ungefiltert vor Gott brachte. Pur. Roh. Ohne sie zu beschönigen oder Worte zu korrigieren. Ich fing an, Poetry-Stücke für mich selbst aufzuschreiben. Sie mögen seltsam erscheinen. Vielleicht denken wir, wir haben gar nicht das Recht, so mit Gott zu reden, solche Bilder zuzulassen, solche Zwischenstadien und Nuancen unseres Weges anzuerkennen.

Für mich brachte aber genau das eine große Nähe zu Gott. Während ich mein ganzes Herz, in jedwedem Zustand, in dem es nun gerade war, vor ihm ausschüttete, spürte ich, dass er mein Klagen nicht nur akzeptierte, sondern dass er mich durch meine Ehrlichkeit ihm gegenüber tiefer kannte. Von ihm, Gott selbst, in der Tiefe meines Wesens gekannt zu sein, führte mich an diesen unbeschreiblichen Ort der Zugehörigkeit. Ihm zugehörig. Gekannt. Wertgeschätzt. Geliebt.

Dies ist ein Text, den ich an Derricks erstem Todestag schrieb. Ich teile ihn hier, um daran zu erinnern, dass Eden nicht dort ist, wo scheinbar alles gut ist. Es ist dort, wo wir realisieren, dass Gott mit uns gemeinsam auf die Asche in den Wellen blickt. Und uns zusagt, dass er aus Asche Schönheit machen wird.

Die Zeit vergeht wie an einem gewöhnlichen Tag.
Nur, dass es nie wieder ein gewöhnlicher Tag sein kann.
Ich kneife meine Augen fest zusammen, um das Morgenlicht in Schach zu halten.
Versuche auszublenden, was sich noch immer nicht richtig anfühlt.
Heute vor einem Jahr ...
Ich habe immer wieder gelernt und lerne es bis heute,
Wie man darin wachsen kann den Schmerz willkommen zu heißen.
Ihn mich nicht ganz einnehmen zu lassen.
Noch ihn zu unterdrücken.
Ihm aber nachzugehen und ihm Beachtung zu schenken.
Ich habe auch gelernt, dass Trauer eine furchtbar einsame Sache ist.
Und so gut die Menschen auch sind,
Die ihre Hände ausstrecken, um die meinen zu halten
Kann doch keiner in mein Inneres kriechen und den Schmerz auf gleiche Weise fühlen.
An diesem Ort bin nur ich.
Also sage ich heute zu all denen, die diesen Schmerz ebenso kennen:
Ich fühle ihn auch.
Ein Zuspruch, der mich seit Derricks Tod begleitet, ist:
„Du wirst niemals allein unterwegs sein!“
Womöglich, weil Derrick damit auch so stark gekämpft hat.

Bleibt dies seltsamerweise auch weiterhin mein größter Kampf.

Die Lüge, allein zu sein.
Sie war in den letzten Tagen sehr präsent.
Ich fühle mich, als würde mich ein Ozean abschotten.
Ich fühle mich weit weg.
Ich fühle mich allein.
Und doch weiß ich,
dass ich von Liebe umgeben bin.
Ich kann sie nur nicht immer spüren.

Liebe, die mich hält,
Liebe, die mich tröstet,
Die mit mir weint,
Die mit mir Wut empfindet,
Und die mich einfach für immer halten wird.

In den letzten Tagen habe ich ein Bild vor meinem geistigen Auge gesehen.
Ein Friedhof, der seit Kurzem nur noch ein leeres, brachliegendes Stück Land ist.
Alle Menschen sind aus ihren Gräbern aufgestanden und fortgegangen.
Es ist ein seltsames Bild, ich weiß.
Der Friedhof stand für Verluste und Abschiede,
Menschen, die ich loslassen musste.
Und ich spüre, dass Gott einen Raum schafft.
Ich spüre, dass ich nicht dafür gemacht bin, mit Gräbern in meinem Inneren zu leben.

In den letzten Tagen haben Jesus und ich einfach nur nebeneinander gesessen und auf den nun leeren Friedhof gestarrt.

Das Kinn auf beide Hände gestützt.
Es ist nicht unbedingt ein hoffnungsvolles Bild.
Es ist aber auch kein hoffnungsloses Bild.
Es ist einfach da.
Und ich finde es interessant, dass wir einfach da sitzen.
Jesus scheint es nicht besonders eilig zu haben, etwas zu tun.
Und mittlerweile weiß ich sowieso nicht mehr, was ich tun soll.
Also sitzen wir einfach da.

Und wir warten.
Und wir schauen auf die Erde.
Und ehren den weiten, undefinierten Raum.
Entleert und verletzlich, wie mein Inneres.
Vielleicht ist hier heiliger Boden.

Kurzbiografie

Karissa (Jg. 1985) ist ein *third culture kid* (TCK). In Kanada geboren, wuchs sie in Südamerika auf, wo ihre Eltern als Missionare tätig waren. 2015 ging Karissa nach Heidelberg, wo sie sieben Jahre verbrachte und Mitglied des Leiterschaftteams war, das den Dienst NewSong HD gründete.

Karissa zog 2022 wieder nach Calgary, Kanada, zurück, wo sie ihren Mann Dan traf. Sie heirateten im darauffolgenden Jahr und leben momentan weiterhin in Calgary. Ihre Herzen schlagen aber auch für Deutschland, und sie sind gespannt, wie Gott ihre Zukunft lenken wird.

Karissa begegnet Gott durch alles, was ihr mit Schönheit entgegenstrahlt. Unter anderem hat das Meer eine große Faszination auf sie, und sie liebt es, Zeit am Wasser zu verbringen. Außerdem schätzt sie Gespräche von Herz zu Herz.

24 VON DER ZWEITEN CHANCE

Jenna Spencer

Abschluss einer Ära

Nach zehn Jahren Ehe sah mich mein Ex-Mann Dave mit Tränen in den Augen an und sagte: „Ich war nie wirklich in dich verliebt.“ Er schätzte und respektierte mich, aber seine Liebe entsprang der Verpflichtung – nicht seinem Herzen. Seine Ehrlichkeit, so schmerzhaft sie auch war, wurde zu meinem Eden-Moment. In diesem Augenblick veränderte sich alles.

Vor über zwanzig Jahren verliebte ich mich in Josh. Es passierte von jetzt auf gleich, war voller Energie und unbestreitbar. Ich war siebzehn, er sieben Jahre älter. Wir verbrachten eineinhalb Jahre zusammen, unsere Familien waren eng miteinander verbunden, wir waren unzertrennlich. Wir lebten auf der Insel Maui in Hawaii, aber als ich schließlich auf die Nachbarinsel O'ahu zog, folgte Josh nicht. Das Leben führte uns auf getrennte Wege – und so endete unsere Beziehung und unser Kontakt brach vollständig ab. Fast zwei Jahrzehnte lang. Ohne es zu wissen, lebten wir beide viele Jahre später in derselben Stadt – Los Angeles.

Drei Wochen vor Daves Geständnis und der nüchternen Bilanz unserer Ehe, fand ich einen Brief. Josh hatte ihn mir vor zwanzig Jahren geschrieben und ich hatte ihn sorgsam in ein Buch gelegt und ihn vergessen. Doch genau in dem Moment, in dem ich ihn am meisten brauchte, tauchte er wieder auf. Es war eine Liebeserklärung – die schönste, die ich je gelesen hatte. Josh beschrieb jedes kleine Detail, das er an mir liebte. Ironischerweise waren es genau diese Dinge, die Dave immer an mir gestört hatten.

Am Tag nach Daves Geständnis zeigte ich ihm Joshs Brief. Er las ihn schweigend im Garten, Tränen liefen ihm über das Gesicht. Als er fertig war, sah er mich an und sagte zu mir: „Die letzten zehn Jahre warst du mit dem falschen Mann zusammen." Und genau in diesem Moment war unsere Ehe vorbei.

Es war Dave, der mich ermutigte, Josh zu kontaktieren. Also taten wir es – gemeinsam. Was wir herausfanden, war kaum zu glauben. Josh hatte sich erst sechs Monate zuvor scheiden lassen. Zehn Jahre verheiratet, zwei kleine Kinder – genau wie ich. Ich wusste es nicht, aber seine Selbstsicherheit war durch die Scheidung schwer erschüttert worden. Er hatte Gott darum gebeten, dass jemand wie ich, seine erste große Liebe, in sein Leben zurückkehren würde.

Niemals hätte er gedacht, dass der Liebesbrief, den er vor zwanzig Jahren schrieb, diese Liebe tatsächlich zu ihm zurückbringen würde.

Josh hat mir sein Einverständnis gegeben, seinen Brief hier zu veröffentlichen. Er soll eine Ermutigung sein, die Art von Liebe zu finden, die dich wahrhaft und zu hundert Prozent liebt – weil du es wert bist, in deinem tiefsten Inneren erkannt und geschätzt zu werden.

Und vorab noch eine kurze Erläuterung zu Joshs Satz in seinem Brief: „Die Art, wie du mich gesehen hast und nicht wie ich aussehe, ist für mich immer noch unbegreiflich." Josh sitzt seit seinem sechzehnten Lebensjahr aufgrund eines Unfalls im Rollstuhl. Er schrieb mir: „Meine Behinderung hat keine Rolle mehr gespielt, als wir zusammen waren, weil deine Liebe zu mir sie mich vergessen ließ."

Joshs Liebe zu mir lässt mich meine eigenen Einschränkungen und Unzulänglichkeiten vergessen – deshalb ist unsere Liebe zueinander so ein sicherer Ort.

Warum liebe ich dich?
Ich liebe die Art, wie du ins Leben stürmst und es wirklich erleben willst. Ich liebe es, wie dein Geist fast immer fröhlich ist, wie du versuchst, jeder Situation das Beste abzugewinnen und wie vollständig du auf Gott vertraust, dass er alles zum Besten wenden wird und dich nicht im Stich lässt. Dein Optimismus ist ansteckend, und deine Begeisterung, neue Dinge auszuprobieren, erinnert mich an mein eigenes, längst vergessenes Verlangen, auch so ein Mensch zu sein. Ich liebe es, wie du einfach zum Nächsten übergehst, wenn etwas nicht funktioniert.

Obwohl es mich manchmal frustriert, dass du Dinge, die dich ablenken oder runterziehen könnten, einfach ausblendest, liebe ich es trotzdem. Es gibt dir die Kraft durch Situationen zu gehen, die die meisten Menschen aufhalten würden. Gleichzeitig hast du bei manchen Dingen eine Zurückhaltung, die ich genauso sehr liebe.

Diese Mischung aus Kühnheit und Schüchternheit fasziniert mich und bringt mich dazu, an deiner Seite sein zu wollen, um dir zu helfen, wenn du unsicher bist, und dich zu unterstützen, wenn du sicher bist.

Du bringst mich dazu, entschiedener Dinge zu versuchen und dran zu bleiben. Gott hat dich benutzt, um mich zu formen und mich mehr auf das zu fokussieren, was meine Aufgabe im Leben ist. Ich bin noch nicht da, wo ich sein will, aber du gibst mir den zusätzlichen Antrieb, den ich brauche, um es zu schaffen. Du bist jemand, den ich stolz auf mich machen möchte, ich wünsche mir, dass du zu mir aufschaust und dass deine Liebe mich zu dem Mann werden lässt, den Gott in mir sieht.

Meine Behinderung hat keine Rolle mehr gespielt, als wir zusammen waren, weil deine Liebe zu mir sie mich vergessen ließ. Die Art, wie du mich gesehen hast, und nicht, wie ich aussehe, ist für mich immer noch unbegreiflich. Dafür liebe ich dich.

Ein großer Teil, wie du mein Selbstbewusstsein wiederhergestellt hast, ist die Art, wie du auf mich körperlich reagierst. Ich liebe deine Leidenschaft und deine Zärtlichkeit. Ich liebe dich dafür, dass du die Frau bist, von der ich mein ganzes Leben geträumt habe.

Jedes Mal, wenn ich dich sehe oder mir dich auch nur vorstelle, pocht mein Herz in meiner Brust. Buchstäblich. Ich denke an deine Augen – so blau wie der Himmel und das Meer. Wenn ich in sie hineinschaue, bin ich in eine Art Schock versetzt. Die Züge deines Gesichts sind so weich, zart und perfekt – deine hohen Wangenknochen, deine leicht schiefe Nase, dein kleines Kinn. Deine Lippen sind so geschmeidig und formen sich perfekt an meine, als wären wir derselbe formbare Ton. Dich zu küssen ist das exquisiteste Gefühl, das ich mir vorstellen kann. Jedes Mal, wenn meine Lippen auch nur leicht deine berühren, ist es, als würde ich meinen Mund in das Paradies tauchen, und mein ganzes Wesen erzittert.

Dafür liebe ich dich. Ich liebe deine Haut und wie glatt sie sich anfühlt, wenn ich mit meinen Händen darüber streiche. Die Kurven deines Körpers lassen all meine Gedanken verstummen. Es ist eines der Geheimnisse von Gottes Schöpfung, dass er deine Figur so unglaublich begehrenswert machen konnte, dass ich nie genug davon bekomme. Jeder Blick auf dich ist wie ein Kuss für meine Augen. Und du weißt, wie ich es liebe, dich zu küssen ...

Vor allem liebe ich, wie schön dein Wesen ist, nicht nur wie schön dein Gesicht und dein Körper sind. Deine physische Schönheit wird eines Tages verblassen, aber deine Seele und dein Geist nicht. Es ist die Schönheit deiner Seele, die wie Licht durch einen Lampenschirm scheint. Deine Bereitschaft, anderen zu dienen, freundlich zu Fremden zu sein, Menschen in Not zu helfen, obwohl du sagst, du hättest kein Mitgefühl. Weil ich weiß, wie liebenswert die Person in dir ist, wird dein physischer Körper tausendmal schöner. Das zieht mich wie nichts anderes an. Dafür liebe ich dich.

Es gibt so viele Dinge, über die ich schreiben könnte. Ich liebe, dass du es liebst, Dinge sauber zu halten und dein Zuhause schön zu machen. Ich liebe deine Hingabe an deinen Job, obwohl das manchmal auch irritierend ist. Ich liebe, dass du meine Unordnung und Faulheit ausgleichst und mich motivierst, mich zu ändern. Ich liebe, wie du mit Fremden auf der Straße sprichst, nur um ihren Tag zu erhellen. Ich liebe, wie du lachst, wenn du wirklich lachst. Ich liebe, dass du Gitarre spielst.
Ich liebe, wie ich mich mit dir immer wohlfühle. Immer.
Ich liebe, dass du es liebst, auf meinem Schoß zu sitzen.

Ich liebe, wie gut du riechst. Ich liebe, wie du dich kleidest, auch wenn ich mir wünsche, dass keine anderen Männer dich sehen könnten. Ich liebe, dass du so gut im Surfen, Massieren und Haare schneiden bist. Ich liebe es, dich tanzen zu sehen! Du bist so witzig. Ich liebe deine lustigen Gesichter und deine albernen Nachahmungen. Ich liebe, dass wir in unserer Beziehung Szenen haben, die emotional so stark sind wie in Filmen.

Ich liebe dich für das, was meine schwachen Versuche, dich zu lieben, mich gelehrt haben, und wie es mich verändert, dich zu lieben. Ich versuche, dich so zu lieben, wie Christus uns liebt: gebend, geduldig, vergebend, langmütig, leidenschaftlich.

Anders als Gott bin ich ein egoistischer Mensch, und das Lieben liegt mir nicht von Natur aus. Dich zu lieben, weitet meinen Verstand, meine Vorstellungskraft und mein Herz. Mehr als alles andere in meinen fünfundzwanzig Lebensjahren hat das Dich-lieben-dürfen mir die Möglichkeiten eröffnet, andere zu lieben und auch Gott selbst zu lieben. Während ich dich liebe, kann ich fast fühlen, wie die Früchte des Geistes in mir wachsen – Liebe, Freude, Frieden, Freundlichkeit, Sanftmut usw.

Dich zu lieben, mit wenig im Gegenzug, hat mich dazu gebracht, andere bedingungslos lieben zu wollen – ohne Rücksicht auf mich selbst. Was zwischen uns passiert ist, hat mich innerlich umgebracht, aber die ganze Situation hat mir die Gelegenheit gegeben, um Vergebung zu bitten für das, was ich getan habe. Und dir zu vergeben – und dafür bin ich dankbar!

Es ist verrückt, aber das bin ich wirklich. Ich liebe dich sogar für den Schmerz, den du verursacht hast ... aber das bedeutet nicht, dass ich noch mehr davon will! :-) Dich zu lieben, hat mir einen Einblick in Gottes Herz gegeben, wie er uns liebt. Manches Mal antworten wir ihm nicht, machen unser eigenes Ding und wollen nicht zu ihm kommen. Zumindest noch nicht, bis wir dann doch bereit sind … oder vielleicht gar nicht. Ich versuche nicht, dir ein schlechtes Gewissen zu machen oder dich schlecht fühlen zu lassen wegen dem, was du tust – du solltest genau das tun, was du mit deinem Leben tun möchtest. Ich liebe es voll und ganz, dass du gehst, um deine Träume zu verwirklichen. Wirklich. Ich kann den Schmerz, den ich fühle, ertragen, weil er mich wie nichts anderes lehrt, wie groß der Schmerz ist, den Gott fühlt. Es ist verrückt, aber erstaunlich. Und ich liebe dich für die Rolle, die du darin spielst.

Ich muss jetzt aufhören, weil ich zu sehr bei dir sein will.

Vor allem aber liebe ich dich, weil du zu mir passt. Wir passen wegen unserer Ähnlichkeiten zusammen, aber vielleicht noch mehr wegen unserer Unterschiede. Du verstärkst meine Stärken und füllst meine Schwächen aus, und ich denke gerne, dass ich das Gleiche für dich tue. Die Möglichkeiten, dich zu lieben, sind endlos … und dafür liebe ich dich.

Jetzt, da ich das Wort „Liebe" zu Tode geritten habe … Happy Valentine's Day.

Du bist erstaunlich.

– Josh

Eine zweite Chance

Josh und ich heirateten im Dezember 2019 in Hawaii. Unsere Familien und Freunde feierten das Glück unserer zweiten Chance mit uns – selbst Dave war anwesend und freute sich ehrlich mit.

Eine Patchworkfamilie zu sein, ist nicht einfach. Und ich wünsche meinen Kindern von Herzen, dass sie einen Partner heiraten, der sie aufrichtig und stark liebt – mit einer Liebe, die für alle Zeiten hält. Ich denke aber auch, dass ich ihnen ein wichtiges Vorbild bin, sodass sie lernen, Verantwortung für ihr Herz zu übernehmen und immer ehrlich mit sich und anderen zu sein. Auch in außergewöhnlichen Umständen und auf Umwegen kann Gott wirken, wenn wir unser Herz weich halten und uns von seiner Liebe regieren lassen.

Die aufrichtige und tiefe Liebe zwischen zwei Menschen ist so ein wunderschönes Bild von Gottes Liebe zu uns. Joshs Liebe zu mir hat mich dem Herzen Gottes nähergebracht und ist das größte Geschenk meines Lebens – mein Hauch von Eden.

Kurzbiografie

Jenna (Jg. 1982) und Josh sind Entrepreneurs in Los Angeles, lieben es aber, mit ihren insgesamt vier Kindern auch immer wieder Zeit in Hawaii zu verbringen. Ihr jeweiliges Aufwachsen auf Maui und ihre beiden gemeinsamen Jahre als junge Erwachsene dort halten viele besondere Erinnerungen für sie bereit.

Als Homeschool-Mama hat Jenna alle Hände voll zu tun. Sie ist dennoch gemeinsam mit Josh Co-Owner ihrer vier Buchläden. Ihr riesiger Store in Downtown LA „The Last Bookstore" gilt als einer der weltweit meist fotografierten Läden. Es ist erstaunlich, mit wie viel Kreativität und Charme Jenna und Josh ihre Stores gestalten. Zuvor war Jenna in der Beauty Industry in Hollywood sehr erfolgreich.

Seit einem Verkehrsunfall im Jugendalter sitzt Josh im Rollstuhl und ist ab der Hüfte gelähmt.

25 VOM LEBEN IM HIER UND JETZT

Carolin Muschalik

Zwischen Himmel und Meer

Galapagos Insel Santa Cruz, Ecuador

Ich atme tief aus und spüre die Sonnenstrahlen durch den Neoprenanzug auf meiner Haut. Das Boot wackelt leicht von links nach rechts. Als ich den Atemregler meiner Tauchausrüstung in den Mund nehme, schmecke ich das Silikon und kann meinen Atem auf einmal sehr laut hören; ich setze mich an den Bootsrand, spüre, wie mein Herz klopft und überprüfe ein letztes Mal, ob ich mein Equipment für den vor mir liegenden Tauchgang richtig angezogen und vorbereitet habe.

Der Tauchguide zählt laut bis drei, und auf drei lasse ich mich gleichzeitig mit einer Handvoll anderer Taucher rückwärts in den Pazifischen Ozean fallen. Ich spüre das Wasser auf und um meinen Körper herum. Aus meinem Atemregler steigen Blasen auf. Ich weiß nicht, was dieses Mal da unten auf mich wartet, aber ich bin voller Vorfreude und offen für das, was kommt.

Abgesehen von meinen Atemgeräuschen höre ich nichts. Niemand spricht, keine Handys, kein WhatsApp, kein Instagram, kein Piepen, kein Klingeln, keine Werbung. Keine Autos. Nichts, das nach meiner Aufmerksamkeit ruft. Ich bin in einer anderen Welt und bewege mich so langsam wie ein Astronaut im Weltall. Vor mir sehe ich eine blaue Weite, die ins Unendliche zu führen scheint.

Da ist nur Ruhe und innerer Frieden. Wir sind bereits seit einiger Zeit unter Wasser, und ich schaue mich um. Eine Spannung scheint sich aufzubauen, und nun entlädt sie sich: Vor mir taucht erst ein Hai, dann ein weiterer, dann drei weitere seitlich von mir auf. Es werden mehr und mehr. Gefühlt kommen sie aus allen Richtungen, und plötzlich schwimmt eine Gruppe von zwölf Hammerhaien genau vor mir. Wenn ich wollte, könnte ich sie berühren. Die Zeit bleibt für einen Moment lang stehen. Sekunden werden gefühlt zu Stunden, und ich komme aus dem Staunen nicht heraus. Wenn ich könnte, würde ich mit offenem Mund im Wasser schweben. Ganz deutlich kann ich die grau-blaue Haut dieser faszinierende Meeresbewohner vor mir sehen, ihren speziell geformten Kopf, ihre Kiemen und ihren eindrücklichen Körper. Majestätisch und friedlich gleiten die drei Meter großen Geschöpfe vor mir her, und nach wenigen Minuten verschwinden sie wieder in der blauen Unendlichkeit. Nun bin ich wieder allein mit den anderen Tauchern und mit meinem Atem. Es ist nur schwer zu begreifen, was gerade vor mir passiert ist.

Galapagos Insel Isabela, Ecuador

Wieder befinde ich mich im Meer, dieses Mal mit Schnorchel und Maske. Das Wasser ist kalt und frisch. Schwarz-gelbe, rote, silberne, grüne Fische schwimmen um mich herum. Vor mir, neben mir, hinter mir. Einige schwimmen neugierig direkt auf mich zu, andere schwimmen nervös weg. Ich schaue ihnen in ihre kleinen schwarzen Augen und spreche ihnen in meinem Inneren zu, dass ich in Frieden komme und dass sie keine Angst vor mir haben müssen. Schildkröten umkreisen mich mit ihren eleganten Bewegungen. Sie tauchen kurz an die Wasseroberfläche, um Luft zu holen, und tauchen kurze Zeit später wieder ab. Sie schauen mich an, als würden sie mich grüßen. Und widmen sich dann wieder dem, was sie zuvor gemacht haben. Sie strahlen Ruhe und eine besondere Entspanntheit aus. Seit Ewigkeiten sind sie Bewohner der Meere, und für einen kurzen Augenblick darf ich ihre Welt besuchen.

Ein junger Seelöwe schwimmt direkt vor meine Taucherbrille. Er beginnt, mit mir zu spielen. Macht mit seiner Schnauze Luftblasen, schwimmt entschlossen und direkt auf mich zu und fixiert mich mit seinen großen schwarzen Knopfaugen. Im letzten Moment weicht er grazil aus, gerade bevor er mein Gesicht mit seinem berührt. Gekonnt schwimmt er weg und kommt kurz darauf wieder. Schwimmt wieder frontal auf mich zu und lenkt im letzten Moment wieder ab. Das Ganze wiederholt er sicher noch drei Mal, während er mir immer wieder tief in die Augen schaut und ich in seine.

Popoyo, Nicaragua

Meine Füße berühren das Wachs, mit dem ich mein Surfbrett zuvor eingerieben habe. Es riecht nach Kokos. Ich merke, wie die Welle sich unter meinem Surfbrett aufbäumt und seitlich von mir bereits bricht. Das Geräusch gleicht einem konstanten lauten Rauschen, das immer intensiver wird, näherkommt und mich schließlich mitnimmt. Die Welle bestimmt das Tempo, ich lasse innerlich los und lasse mich gleiten. Mein Haar weht im Wind, Salz prickelt auf meinen Lippen und die Sonne auf meiner Haut. Wasser spritzt mir ins Gesicht. Hoch konzentriert befinde ich mich voll im Hier und Jetzt. Was heute war oder morgen sein wird, ist völlig irrelevant. Ich weiß, dass die Welle mich in diesem Moment trägt, und lasse mich darauf ein. Das ist das Einzige, was zählt. Ich vertraue ihr. Ich werde eins mit ihr.

San Andrés Calpan, Mexico

Auf dem Rücken eines Pferdes schaue ich auf sein dunkelbraunes Fell, das in der Sonne glänzt. Während seine Muskeln sich unter mir bewegen, spiele ich mich auf den Rhythmus ein, und unsere beiden Körper finden einen gemeinsamen Rhythmus. Wir vertrauen einander. Es ist ein Pferd, das zunächst misstrauisch und ängstlich war. Doch wir hatten das Glück, uns über mehrere Wochen kennenlernen und eine Verbindung aufzubauen zu dürfen. Ich lerne, dass jedes Lebewesen seine eigene Geschichte mit sich bringt, und stelle mich auf seine Geschichte ein. Mit Ruhe und Geduld spreche ich diesem stattlichen Wesen mein Mitgefühl dafür aus, was es erleiden musste. Ich akzeptiere es als Geschöpf, so wie es ist, mit seinen Ecken und Kanten und hoffe, dass es auch mich mit meinen Ecken und Kanten annimmt. Während ich ihm in die riesigen Augen schaue, lasse ich es meine Hand beschnuppern und sie mit seiner warmen Zunge abschlecken. Tief nehme ich seinen Duft nach Heu und Leder wahr und berühre seine feuchte Nase. Wir reiten unter der mexikanischen Sonne im Galopp über Stock und Stein, ich gebe mich seinem Rhythmus hin, und unsere Körper verschmelzen zu einem. Mit einer Hand halte ich die Zügel, mit der anderen halte ich meinen Cowboyhut fest, damit er mir vom Wind und der Geschwindigkeit unseres Galopps nicht vom Kopf weht. Mein Herz springt vor Freude auf und ab, und mein Körper sprüht vor Glück.

Nähe Antigua, Guatemala

Ich stehe auf einem dreitausend Meter hohen erloschenen Vulkan. Es ist kalt und dunkel. Am Himmel funkeln ein paar Sterne. Der Wind pfeift, und seine Kälte zieht mir bis in die Knochen. Plötzlich höre ich ein lautes Tosen, und die Erde unter mir vibriert. Es klingt nach Gewitter, aber es donnert und blitzt nicht. Stattdessen bricht unweit von mir und vor meinen eigenen Augen ein aktiver Vulkan aus: Feuerrote Lava explodiert vor dem schwarzen Nachthimmel, schießt mit einer gewaltigen Kraft aus dem Krater hinauf in die Luft und landet auf dem Vulkanhang, wo die tiefrote Glut sich breitmacht, Platz beansprucht und nach einer Weile schließlich erlischt. Es riecht nach Feuer, Asche und nach verbranntem Toast. Aber auch irgendwie nach Undefinierbarkeit, Abstraktion, Zauber und Wunder.

Kurz nach dem Ausbruch scheint es, als würde es schneien. Ich bin kurz verwundert, bis ich realisiere, dass nicht Schnee vom Himmel fällt, sondern kleine graue Aschepartikel. Sie gleiten vom Himmel herab und landen auf meiner Kleidung und in meinen Haaren. Es ist, als würde mich die gigantische Dimension der Natur sanft berühren. Ein Moment, der mich schaudern lässt – vor Faszination und Ehrfurcht.

Das Ausbruchspektakel wiederholt sich ungefähr alle fünfzehn Minuten in dieser Nacht, fast wie eine Turmuhr, die schlägt. Die Zeit steht still, und ich spüre die Gewalt der

Natur. Ich realisiere demütig, erstaunt und zutiefst beeindruckt, wie klein ich doch bin und wie gewaltig die Natur ist.

Zwischen dir und mir

San Andrés Calpan, Mexiko

Ich befinde mich in einem kleinen Dorf namens Calpan, irgendwo in der Pampa in Mexiko, und kann nicht aufhören zu weinen. Tränen fließen unaufhörlich über mein Gesicht, und manchmal kann ich schmecken, dass sie salzig sind. Es ist Zeit, Abschied zu nehmen.

Es rührt mich zutiefst, dass mein Mann und ich die letzten zwei Monate auf einer Ranch in Mexiko ein Zuhause in der Ferne gefunden haben und dass aus fremden Menschen Familie geworden ist. Dass ich zu Pferden, mit denen ich früher nie etwas anfangen konnte, eine sehr enge Bindung aufgebaut habe. Dass ich mich in einen adoptierten Straßenhund verliebt habe, obwohl ich nie ein Hundemensch war. Und dass zwei wunderbare Menschen mein Vertrauen und meine Hoffnung in die Menschheit wiederhergestellt haben.

Mein Mann und ich waren gerade dabei, durch Mexiko zu reisen – und durch einen Zufall landen wir bei Paty und Edmundo in Calpan. Von dem Moment an, als wir ihre Türschwelle betreten, werden wir von einer Herzlichkeit empfangen, die ich in dieser Form so noch nie erlebt habe. Sie geben uns nicht nur einen Schlüssel zu ihrem Zuhause, sondern zu ihrem Leben. Ihre Türen stehen uns immer offen. Es ist für sie selbstverständlich, uns täglich mit köstlichen mexikanischen Mahlzeiten zu verwöhnen, wobei Paty extra vegetarische Gerichte für mich kocht – eine Geste, die in der fleischlastigen mexikanischen Küche nicht immer einfach ist. Wir essen gemeinsam, setzen uns abends dazu, wenn sie einen Film schauen, sie teilen die lustigsten sowie traurigsten Geschichten aus ihrem Leben mit uns, wir lachen zusammen, bis uns die Tränen kommen, unternehmen gemeinsam Ausflüge in die umliegende Natur und Stadt, sie stellen uns ihren Freunden und Bekannten als ihre deutsche Nichte und ihren deutschen Neffen vor und führen uns in typisch mexikanische Restaurants aus, um echte mexikanische Tacos zu essen. Sie zeigen uns, wie man mexikanischen Tequila und Mezcal richtig trinkt. Selbst wenn sie nicht zu Hause sind, sorgen sie dafür, dass Essen für uns auf dem Tisch steht und dass es uns an nichts fehlt. Sie lassen uns Teil haben an ihrem Leben, an ihrem Alltag und an ihrer Kultur und zeigen großes Interesse an unserer Kultur und unserem Leben in Deutschland. Edmundo hat misshandelte Pferde adoptiert und kümmert sich nun liebevoll um sie. Er bietet Reitausflüge an, um so die Kosten für die Pferde zu decken, und natürlich bringt er auch uns das Reiten bei. Er schenkt uns Reitstiefel, sodass wir auch „echte" mexikanische Cowboys werden und überlegt sich immer wieder neue Übungen und Routen für uns, um sicherzugehen, dass uns nicht langweilig wird. Wir hatten ursprünglich geplant, nur ein paar Tage bei Paty und Edmundo zu bleiben, doch daraus sind letztlich zwei Monate geworden. Zwei Monate voller Abenteuer, Verbindung, Interesse und Liebe.

Nun ist der Tag unserer Abreise gekommen, und die Tränen strömen über meine Wangen. Meine Augen sind rot und angeschwollen. Auch Edmundo und Paty weinen, sie sagen uns, dass sie uns lieben und dass wir jetzt auch ein Haus in Calpan haben, nämlich ihres, wo wir und unsere Freunde und Familien immer willkommen sein werden. „Mi casa es tu casa", ein Spruch, den sie nicht nur so sagen, sondern wirklich leben. Für unseren Aufenthalt wollen sie partout kein Geld von uns haben – schließlich sind wir ja Familie. Wir drücken uns herzlich, bevor mein Mann Lukas und ich in den Bus steigen, der uns von unserem Zuhause in Calpan zur nächsten Station unserer Reise bringt.

Neerglabbeek, Belgien

Neugierig schaue ich um die Ecke. Ich sehe meine kleinen Nichten, wie sie freudig bunte Blumen auf die grüne Wiese streuen. Mein Papa steht neben mir, und ich hake mich ein unter seinem Arm. Es ist ein angenehmer Sommertag, es weht ein leichtes Lüftchen, und die Deko-Girlanden flattern im Wind. Es ist der Tag meiner Hochzeit.

Ich bin aufgeregt, nervös und voller Vorfreude. Im Hintergrund läuft die Pianoversion eines Coldplay Lieds – unsere Lieblingsband. Mein Papa und ich laufen gemeinsam los, langsam und ruhig, Richtung Lukas, der geduldig auf der anderen Seite der Wiese steht und unter ein paar Apfelbäumen auf mich wartet. Hinter ihm grasen friedlich ein paar Pferde, die ich aber nicht wirklich wahrnehme. Genauso wenig wie unsere engsten und liebsten Freunde und Familienmitglieder, die alle gekommen sind, um diesen Tag der Liebe mit uns zu feiern. Das Einzige, was ich wahrnehme, ist Lukas. Unsere Blicke treffen sich. Wir schauen uns intensiv in die Augen, und die Zeit scheint stehen zu bleiben. Ich weiß, dass mein Papa und ich laufen, aber gefühlt rühre ich mich nicht von der Stelle. Es ist, als hätte jemand von außen auf einen Pausenknopf gedrückt, um den Zauber und die Bedeutung dieses Moments nicht gehen zu lassen. Meine Augen schauen immer noch in Lukas' Augen. Der Augenblick wird zur Unendlichkeit.

Frankfurt, Deutschland

Ich befinde mich im Gewusel aus Menschen und Zügen am Frankfurter Hauptbahnhof. Um mich herum ist es hektisch, und mehrere Ansagen ertönen über die Lautsprecher oberhalb der Gleise. Ich versuche mich zu orientieren, den

Überblick zu behalten. Und dann spüre ich plötzlich diese zarte Hand, die nach meiner greift – die Hand meines kleinen Neffen. Unsere Blicke treffen sich kurz, und ich schenke ihm ein Lächeln. Seine warme kleine Hand greift feste zu. Es zeigt mir, dass er mir vertraut, dass er sich mit mir an seiner Seite sicher fühlt, wenn er Angst verspürt, und dass er in meiner Nähe Geborgenheit findet. Ich halte die kleine Hand liebevoll fest, schenke ihm mein Vertrauen und führe ihn sicher durch das Gewusel.

Galizien, Spanien

Ich laufe ... laufe ... laufe ... und laufe. Laufen ist zu meinem Ziel geworden. Ich befinde mich auf dem Jakobsweg und bin bereits seit einem Monat zu Fuß unterwegs. Mehrere hundert Kilometer liegen hinter mir, und alles, was ich brauche, habe ich in meinem Rucksack dabei. Obwohl mein Tagesablauf seit einem Monat derselbe ist und ich immer dieselben Wanderklamotten anhabe, sieht jeder Tag anders aus. Die Natur um mich herum verändert sich, ich begegne anderen Pilgern, schlafe jede Nacht an einem anderen Ort und in einem anderen Bett und erlebe mich selbst jeden Tag anders.

Die Bewegungen des Wanderns sind ein Automatismus geworden. Ich muss nicht mehr darüber nachdenken, wo ich den nächsten Schritt hinsetze, mein Körper macht das nun von ganz allein. Mein Körper, im Speziellen meine Füße, haben in den letzten Wochen ein wahres Wunderwerk vollbracht. Anfängliche Schmerzen sind verschwunden, Blasen abgeheilt, der Muskelkater abgeklungen und mein Fußgelenk schmerzt nicht mehr. Der menschliche Körper kann sich an vieles gewöhnen und ist sehr widerstandsfähig. Ich spüre eine extreme Dankbarkeit für meinen Körper. Ich möchte ihn umarmen und sage mir selbst, dass ich mich liebe. Mein Geist hat sich an die Schrittgeschwindigkeit gewöhnt. In meinem Kopf herrscht eine kostbare Leere, wie ich sie nur selten habe. Keine Sorgen, kaum Gedanken. Manchmal kommen mir Lieder in den Kopf, die ich laut singe.

Ich habe Zeit. Zeit, um stehen zu bleiben. Zeit, um innezuhalten. Zeit, um die Natur um mich herum ganz bewusst wahrzunehmen. Zeit, um zu schauen, wie ich mich gerade fühle – so oft ich möchte und solange ich möchte. Zeit, die ich im Alltag auch hätte, aber mir nur selten nehme. Ich höre, wie ich ein- und ausatme, höre das Rascheln der Blätter um mich herum, die Bäume wiegen sich im Wind, Vögel zwitschern. Ich höre den Kies, der dem Druck meiner Schuhe nachgibt. Dieses Geräusch, das zu meinem konstanten Begleiter geworden ist, beruhigt mich ungemein. Ich schließe die Augen. Es riecht nach Eukalyptus. Ich fühle mich eins mit den Elementen, die mich umgeben. Ich fühle mich behütet von einer Energie, die ich vorher noch nie gespürt habe. In dem Moment weiß ich, dass es diese Energie schon immer gab und sie schon immer auf mich geachtet hat. Ich bin beflügelt, beschützt, frei und habe tiefstes Vertrauen.

Einfachheit

Meine Edenmomente offenbaren sich in der Einfachheit, oftmals inmitten der Natur und im Einklang mit den Elementen. Sie entstehen in der Verbundenheit mit mir selbst, mit Menschen und Tieren, sowie im Empfangen und Schenken von Vertrauen. In der Dankbarkeit. Ganz ohne Zwang. Wenn ich mich einfach dem Leben öffne und bereit bin, anzunehmen, was es gerade für mich zu bieten hat.

Diese Momente lassen die digitale und oberflächliche Welt komplett außen vor. Es ist völlig egal, ob ich geschminkt bin oder nicht, ob ich verschwitzt bin oder nicht, ob meine Haare wild sind oder perfekt sitzen. Es spielt keine Rolle, ob ich angesagte Markenklamotten trage oder schon seit Tagen dieselbe Wanderhose anhabe. Der Besitz von materiellen Dingen ist in solchen Momenten komplett irrelevant, denn es geht nicht darum, was ich habe, sondern darum, wer ich bin. Und wie ich mich in diesem Moment fühle.

Edenmomente lassen Oberflächlichkeiten verblassen und machen einem tieferen Gefühl von Verbundenheit in mir Platz. In diesen großen und kleinen Momenten zählt nur das Hier und Jetzt, das echte, unverfälschte Sein.

Kurzbiografie

Carolin ist promovierte Gesundheitspsychologin und passionierte Weltenbummlerin. Nach ihrer Zeit in Maastricht, wo sie lange gelebt und gearbeitet hat, brach sie gemeinsam mit ihrem Mann zu einer zwanzigmonatigen Reise durch Lateinamerika auf. Von Mexiko bis Ecuador tauchte sie tief in die Kultur ein, leistete unzählige Stunden Freiwilligenarbeit und entdeckte dabei die Vielfalt, Schönheit und Herzlichkeit des Kontinents.

Ihre Liebe zur Natur spiegelt sich auch in ihrer Leidenschaft für das Wandern wider – sie ist bereits vier verschiedene Jakobswege gewandert. Aktuell lebt sie zusammen mit ihrem Mann in Frankfurt am Main.

NUR NOCH DEINE LIEBE ATMEN

Du bist Komponist von meinem Leben
Schreibst 'ne Symphonie aus Sonne und Regen
Und jede Note soll deinen Namen erheben
Alles, was ich brauche, wirst du mir geben, Jesus
Ich will nur noch deine Liebe atmen
atme ein und atme aus
Ich will sein in deinem Haus
Nur auf dich will ich vertrauen
Will mich spiegeln in deinen Augen

Bei dir fallen meine Masken, bei dir fallen meine Kronen
Bei dir fallen meine Tränen, bei dir
Bei dir fallen meine Lasten, bei dir möcht' ich wohnen
Bei dir singt meine Seele[2]

EIN KLANG VON EDEN

Dies ist deine persönliche Einladung innezuhalten und bewusst darüber nachzudenken, wann du zuletzt einen Hauch von Eden verspürt hast.

Wo und wie begegnen dir solche Momente? Und mit was stehen sie für dich in Verbindung?

Unter folgendem QR-Code findest du exklusiv veröffentlichte Klavierkompositionen von Jonathan Koch. Gönn dir ein paar Minuten musikalischen Genuss und tauch ein in ein entspanntes Suchen nach deinen ganz eigenen Paradiesmomenten.

EPILOG

In diesem Buch sind so viele wertvolle persönliche Geschichten gebündelt, die über ganz besondere Edenmomente erzählen. Der Fokus liegt dabei ganz bewusst auf der Individualität des Erlebten und unserem „Innenliegenden".

Über die Zeitspanne, in der dieses Buch entstand, beschäftigte mich, Silvia, aber auch mehr denn je das „Außenliegende". Während ich Frauen dazu ermutigte, über ihr Innen nachzudenken und es mit uns allen zu teilen, während ich Frauen auf traumhafte Reisen nach Hawaii mitnahm und wir uns wohltuendes Auftanken vor einer paradiesischen Kulisse gönnten, bewegte mich zunehmend die Frage: Was ist mit den Frauen, die gerade durch die Hölle gehen? Spezifisch: Was ist mit den Frauen, die in Menschenhandel und Zwangsprostitution stecken? Seit Jahren hatte mich dieses Thema immer wieder tangiert und etwas in meinem Herzen ausgelöst. Bestärkt durch Infoveranstaltungen, persönliche Kontakte und nicht zuletzt durch Filme wie „Sound of Freedom" oder „Priceless"/„Unbezahlbar" vernahm ich aktuell auch wieder einen großen Schmerz für dieses Thema, aber auch Hoffnung, dass ein Einzelner von uns schon einen Unterschied machen kann!

Überzeugt, dass auch vermeintliche Kleinigkeiten Segen freisetzen würden, startete ich kurz vor Weihnachten 2023 zusammen mit Treasures von House of Hope und einigen Freundinnen aus dem Rhein-Main-Gebiet eine Aktion in

Frankfurt auf der Kaiserstraße. Wir hatten von großzügigen Partnern einen ganzen Satz an feinen und hochwertigen Seifen in edlem Verpackungsdesign zum Einkaufpreis erhalten und fanden in Gemeinden, auf Weihnachtsmärkten und im Freundeskreis Menschen, die bereit waren für diese Charity-Aktion einen stattlichen Verkaufspreis für einzelne Seifen zu bezahlen. Mit dem Gewinn konnten wir die Arbeit von Treasures unterstützen und nahmen auch einige der „Pure"-Seifen weihnachtlich verpackt auf die Kaiserstraße mit. Nach einem Infotreffen unserer Frauengruppe mit Treasures im House of Hope und gemeinsamem Gebet machten wir uns warm eingepackt auf in das Rotlicht-Viertel um die Kaiserstraße. Die Seifen verschenkten wir an Prostituierte, mit denen wir ins Gespräch kamen. Sie brachten uns überraschte und strahlende Gesichter entgegen, rochen immer wieder dankbar an den Seifen, und es war fast so, als würden die Straßen nach „Pure" duften, wo immer wir entlanggingen. Wir konnten diesen Frauen zusprechen, dass sie wertvoll und geliebt sind und dass ein Retter in die Welt gekommen war, um uns zu heilen. Jesus.

Warum erwähne ich das hier? Ich glaube, dass unser Leben ein Gleichgewicht aus dem Innen und dem Außen braucht. Es ist so essenziell für uns selbst, den Ort des Friedens und der Fülle zu finden. Doch wir dürfen nicht nur bei uns selbst bleiben. Wir sind dazu erdacht, dazu beizutragen, dass Menschen um uns herum auch Frieden und Fülle erleben. Ich glaube sogar, dass wir nur dann Frieden und Fülle in ganzem Umfang erleben, wenn wir sie mit anderen teilen.

Ein Buch, das ich von Herzen empfehlen möchte, welches darüber spricht, dass wir uns nicht mit einem Nullachtfünfzehn-Leben zufriedengeben dürfen, ist das Buch *Ein 10/33 Leben* von der Herausgeberin Anna Hofacker, erschienen bei Gerth Medien. Anna nimmt den Leser mit auf eine Reise quer durch Deutschland zu fünfundzwanzig

Menschen, die durch ihr gelebtes Mitgefühl und ihre Initiativen und Projekte einen Unterschied in der Gesellschaft machen. Als Anna und ich feststellten, dass wir an einem ganz ähnlichen Format an Herausgeberbuch arbeiteten, schaffte dies direkt eine ganz herzliche Verbundenheit. Danke, Anna, für deine Ermutigung und deine eigene Leidenschaft, Menschen zu porträtieren, die die Quelle allen Lebens kennen und sie mit anderen teilen.

ÜBER DIE HERAUSGEBERIN

Back to ALO'HA

Silvia (Jg. 1985) hat „Back to ALO'HA" gegründet aus dem Wunsch heraus, Frauen Auszeitreisen anzubieten. Parallel zum ersten Retreat Anfang 2023 entstanden ein begleitendes Filmprojekt und auch die ersten Beiträge für dieses Buch.

Silvia kehrt seit über zwanzig Jahren immer wieder nach Hawaii zurück. Es ist ihr „home away from home". Seit einigen Jahren Familienmitglieder und Freunde und zuletzt auch ganze Gruppen Frauen dorthin mitzunehmen, macht ihr extrem viel Freude. Persönlich hat sie Gott auf diesen Inseln immer wieder auf ganz außergewöhnliche Weise erlebt. Seine Gegenwart dort so sehr spüren zu können, macht Hawaii für sie im doppelten Sinne zu einem Hauch von Eden.

Der hawaiianische Gruß *Alo'ha* setzt sich zusammen aus den Worten *Alo* und *Ha*. *Alo* bedeutet der *Atem* oder das *Atmen*, *Ha* bedeutet *Gegenwart*. Das Atmen, das Lebendigsein in der Gegenwart Gottes ist damit der Fokus von allem, was unter der Initiative Back to ALO'HA läuft.

Für Silvia gehört Networking und Konzeptionieren zu ihren liebsten beruflichen Tätigkeiten. Sie trägt definitiv Pioniergeist in sich und hat meistens sehr viele Ideen gleichzeitig im Kopf. Vor ihrem Mama-Dasein und ihrer Selbstständigkeit war sie im Marketing für ein internationales Unternehmen tätig.

Mit ihrer Familie und Freunden reist Silvia gern und oft. Ihre drei Kids sind die unkompliziertesten travel buddies, und sie möchte ihnen so viel wie möglich von anderen Ländern und Kulturen zeigen.

Silvia lebt in Südhessen und hat dort in den letzten zehn Jahren viel ehrenamtliches Engagement in die Gründung und den Aufbau einer freikirchlichen Gemeinde wie auch den Ausbau eines lokalen Familienzentrums investiert.

Alle Infos zum Back to ALO'HA Retreat und zum Filmprojekt sind zu finden unter www.back-to-aloha.com

DANKE

Ich bin allen Frauen, die zu diesem Buch beigetragen haben, unendlich dankbar. Das Herz jeder Einzelnen von euch ist einzigartig und wunderschön! Danke für eure Bereitschaft, euch verletzlich zu machen und andere an eurem Leben teilhaben zu lassen. Schaut euch unser Baby an ... wow!

Danke an Sarah Koller. Ohne deine Idee, Unterstützung und Begleitung wäre dieses Buch nicht entstanden.

Danke an meine Lektorin Katharina Töws und das ganze Team bei adeo und SCM.

Danke an alle meine Mädels vom Retreat 2023 für eure Freundschaft und Ermutigung und teils auch Beiträge zu diesem Buch: Dani, Suse, Linda, Martha, Nathalie, Elisabeth und Noe. Ich lieb euch sehr!

Danke an Birgit. Du bist einfach nur ein Schatz. Danke für deine wertvolle Freundschaft und deinen Support mit Back to ALO'HA.

Danke an Verena. Du hast mich ermutigt, zu schreiben und meinen Träumen zu folgen. Danke für deine Herz-zu-Herz-Freundschaft und Begleitung.

Danke an Dee und Damaris – ihr wart mir im Jahr 2024 so eine große Herzensstütze. Wie habt ihr es nur geschafft, nicht in diesem Buch aufzutauchen?

Danke an Reni und Uli, die mich mit ihrem Buch *Ich geb mich deinem Finden hin* so sehr gesegnet haben und deren Freundschaft ich über alles schätze.

Danke an Jonny für dein Vertrauen und deine Bereitschaft „Ein Hauch von Eden“ mit deinen Kompositionen zusammenzubringen.

Danke an Josh, für deine Einwilligung, den Brief zu veröffentlichen, und auch deine inspirierende Liebe zu Büchern.

Danke an Jenna, Tara und Anna – womit hab ich euch verdient? Ihr seid unfassbare Geschenke für mich und ich lieb euch ohne Ende! Ihr habt einen großen Anteil an diesem Buch.

Danke an meine Oma. Du gibst die liebevollsten Umarmungen, und ich weiß nicht, wo ich ohne deine Gebete wäre.

Danke an meine Eltern und Geschwister. Ihr seid ein absoluter Segen! Ich bin so froh, euch meine Familie nennen zu dürfen. Steffen und Christin, eure Unterstützung mit Back to ALO’HA ist einfach ohne Worte.

Danke an meine Kinder Noelani, Joas und Livia. ALO’HA to you! Ich liebe euch von ganzem Herzen!

ANMERKUNGEN

1 Zehntausend Gründe. Originaltitel: 10.000 Reasons (Bless the Lord), Text & Melodie: Matt Redman & Jonas Myrin, Dt. Text: David Schnitter & David Hanheiser © 2011 Thankyou Music, SCM Hänssler, Holzgerlingen.

2 Oh My Soul
Text und Melodie: Alexander Oberschelp, Maximilian Oberschelp, Maik Schuheida, Matt Redman & Jonas Myrin
© 2023 Alexander Oberschelp / Maximilian Oberschelp / Maik Schuheida / Atlas Mountain Songs/Universal Music Publishing, Berlin / Thankyou Music / SCM Hänssler, Holzgerlingen